JN094143

一瞬で心が軽くなる

人間関係の悩みをぶった斬る本

タクチママ

ソーテック社

はじめに

はじめましての人もいるかしら。

アタシは「タクチママ」って名前で世の中に山ほどいる悩める子ネズミの相談をぶった斬るっていうお仕事をしてるの、よろしくね。

この本を手にとってくれたのも何かの縁ね、ゆっくりしていくといいわ。

アタシは普段メガネ姿の漢方の専門家として、普通に男性の格好をして健康相談を受けているんだけどね。ある相談中にふと気がついたことがあるのよ。

それは「世の中の悩める子ネズミたちは、いつでも優しい言葉をかけられたいわけじゃない」ってこと。むしろ優しい言葉よりも「叱られたい」「強く背中を押されたい」を望む声が思った以上に大きいってこと。

だからアタシは優しいメガネの漢方の専門家とは別に、忖度（そんたく）も遠慮もなく次々に寄せられる子ネズミたちの相談に真っ向から厳しく向き合うキャラクターとして生まれたの。

最初は半分ネタみたいなつもりで、あるイベントのYouTube Liveに出演したら驚くほど反響があったのよね。ほんと不思議な世の中だわ。

まんまと気を良くしたアタシは調子に乗ってTwitterでアカウントを立ち上げたの。そうしたら、あれよあれよという間にフォロワーが5千人、1万人と増えて、わけのわからないうちに「タクチママ」という存在が一部でコア的に認知されることになったのよね。

そこからは毎日Twitterに言葉を紡ぎながら、寄せられる子ネズミたちのお悩みに答える日々が始まったわ。

この本にまとめたのは、日常生活のさまざまなシーンで生まれるさまざまな悩みごとや不安に対しての向き合い方よ。コンセプトはずばり「たかが人生じゃないの」。人生をおおらかに、前向きに暮らしていくためのヒントにしてくれたら何よりも嬉しく思うわ。

最初からでも、気になるところからでも、自由に読んでくれたらいいからね。

それじゃあ、またあとがきで会いましょ。

もくじ

第1章 対人と対人生を切り離しなさい

column ちょっとだけ大事なこと言うわよ

第2章 他人の顔色うかがってる場合じゃないわよ

第3章 恋愛は対等の関係性が大前提

第4章 友人関係は変化し続けるのが当たり前

第5章 人生のために仕事できてる?

第6章 夫婦はあくまでも近しい他人

第1章

対人と対人生を切り離しなさい

どう生きても好かれるし嫌われるのよ

他人の好き嫌いに惑わされて、対応の仕方に悩んだとしても、相手や第三者に聞くことじゃないわ。

そこは自分で決めなきゃダメなのよ。

世の中には必ずアンタのこと好きな人と嫌いな人がいるから、いちいち「どうしたらいいか」って聞いてたらキリないわよ。

自分で決めて動いてみなさい。

人間心理にはね、ほぼ「2・6・2の法則」が当てはまるの。**アンタがどんな生き方をしても2割には好かれ、2割には嫌われ、そして6割は好きでも嫌いでもない**っていうこと。

だからアンタが好かれたい2割を増やそうと、他人の顔色をうかがっても効果はないのよ。そこはもう諦めるしかないの、前向きにね。

でもね、こう考えてみて。

「**どんなに自分を正直に出しても、好きでいてくれる人はいる**」って。

無理して取り繕っても、素直な自分を目一杯出しても、アンタのことを好きでいてくれる人の割合が変わらないとしたら、アンタはどっちを選ぶ？

アタシは間違いなく後者を選ぶわよ。

自分らしく、自分を偽ることなく生きてみて、そのときにアンタを好き、って言ってくれる2割の人を大切にしながら生きることができたら、それはとても幸せなことだと思うわよ。

誰のための人生でもない、アンタのための人生じゃない。

偽らずにまっすぐ生きてごらんなさいよ。

楽しくもつまらなくなるのも環境次第

アンタたち、毎日楽しい？
つまんない、って思ったアンタは周りを見回してごらんなさい。
「つまんない」「おもしろくない」って言ってる人ばっかりじゃない？
そんな環境にいるのは、時間の無駄よ。
「楽しい！」「ワクワクする！」っていつも言ってる人のところに行きなさい。
お手軽に楽しくなるわよ。

「朱に交われば赤くなる」とはよく言ったもので、**人って自分のいる環境で変わる**のよ。つまり、アンタが毎日を楽しいと感じるのもつまらないと感じるのもその環境次第なの。もしアンタが楽しいと感じているなら今の環境とそこにいる仲間を大事にすべきだし、毎日がつまらないと感じるならその環境から抜け出すことを考えなさい。

東洋医学には「**陽気**」っていう言葉があるの。よく「陽気なやつ」とか「いい陽気」って使うでしょ？　東洋医学で言うところの陽気っていうのは、**元気や代謝を高める活動エネルギー**のようなものとして捉えられてるの。

春や夏には自然とこの陽気が増える、って考えられてるんだけど、**楽しい人が集まる場所にも陽気は集まる**のよ。

だからアンタが前を向いて楽しく、充実した人生を過ごしたいのであれば**陽気を分けてくれる仲間のいる環境にいる**こと。それを続けていればいつの間にか、アンタからも良いエネルギーを相手に与えられるようになるはずよ。

「環境を変えることが難しい」って言う人は多いけど、「**人生を変えられる**」って考えたら勇気を出してみる価値はあるんじゃないかしら？

常識がつらいなら勇気を出してぶっ壊すの

「そんなの常識でしょ」って思うこともあるわよね。
確かに常識は大事よ。なんたって「常なる知識」だからね。
「無難に危なげなく生きたい」なら常識に従っとけばいいわ、一番楽だし。
でも無難をアンタがつまらないと感じるなら、
周りの声なんて気にしてんじゃないわよ。
常識を尊重しながらも「失礼ぶっこきます」って言って、
笑顔でぶっ壊していけばいいの。

誰だって波風立てないで平和に生きたいって思うわよね。「事なかれ主義」は生き方として間違っているとは思わないわ。

でもそれじゃつまらない、って思うのであれば**常識を疑うことが必要**よ。

ただし常識っていうのは大多数の人が落とし所を見つけた結論。当然、それを疑ったり覆そうとすれば逆風の矢面に立たされることになるの。つらいこともきっとあると思うわ。

でもね、その逆風をかき分けて抜け出した先には、**ほとんどの人が見たことのない世界が広がっている**のよ。

その世界が天国なのか地獄なのかそれはわからないけど、一つだけ言えるのはアンタにとってはきっと居心地の良い世界なんだと思うわ。

誰かにとっての地獄がアンタにとっての天国であることなんて往々にしてあるのよ。

常識をつらいと感じる心があるなら、ちょっと勇気を出してみなさい。

嫌われることを恐れたら好かれることもなくなるわよ

「嫌われる」ってことはそれだけ「意識されている存在」ってことなのよ。
空気や石ころみたいな人間は好かれも嫌われもしないわ。
そう思ったらそれだけ自分に価値があるんだって認識できない？
その向けられた意識をどう形にするかはアンタ次第なの。
嫌われている以上にアンタは周りに好かれてるわよ。

「YouTubeの視聴者が増えない」という悩みを聞いていた芸人さんが「貴方には今、アンチもいない状況なのはわかっていますか?」って言ったの。

辛辣よね。でも、まさにそのとおりなのよ。**人に嫌われるっていうのはその人に存在を意識されている、**っていうことよ。

人間の好きや嫌いっていう感情はベクトルこそ違うけれど、**「意識している」という意味では同じ。**アンタに価値がないわけではないのよ。

第一印象が悪くて嫌いだと思っていた人と生涯の友人になることだってあるし、その逆だってありうるわ。

だから人に嫌われることを恐れすぎて、**自分を認識されることを放棄してしまってはダメ。**アンタを好きでいてくれる人もいなくなってしまう可能性があるわ。

人に嫌われるのは怖いし、できれば敵を増やしたくないのはわかる。でも、「ここにいるんだ!」って声をあげることで認識されて、アンタのことを好きになる人もたくさんいるの。

「嫌われる勇気を持て」とまでは言わないけど、自分の存在を消すような生き方はアタシはおすすめしないわよ。**アンタは今そこに紛れもなく存在しているんだから。**

あえてタブーに手を出してみる

凹むことがあったとき、「考えちゃダメだ！　考えちゃダメだ！」って無理に思うようにしてない？

それめちゃくちゃ意識してるわ。逆効果よ。

考えてもいいのよ。そこはあえて許容して心の通路を通りやすくなさい。

で、少しずつほかの楽しいことに意識を置き換えてごらん。

その方がずっと楽になるわよ。

人ってネガティブなことが起こると必死で「考えてはいけない」って思いがちよね。

でも意識してはいけないという思いは逆にその事柄への意識を強めるわよ。

だからこそ体に余計な力が入るし、神経はストレスを感じて過敏になってしまうの。言い換えると、**「○○してはいけない」の呪縛に囚われてしまう**のよ。

そんなときは**発想を逆転**させてみなさい。

つまり「○○してもいい」って考えるの。「嫌なことがあったときは、とことんそのことを考えてもいい」って思うわけね。

そうすると脳は、そのことばかり考えていることに飽きたり疲れたりしてくるの。

人間は順応する生き物。気持ちの呪縛は自然と緩んでくるはずよ。

そしたら、そこではじめて違うことを考える余裕が出てくるものよ。

いつも考えすぎたらいけない、考えたらいけない、と思ってつらくなっているのなら、あえて**考えまくってみる**といいわ。

発想を逆転させてタブーに手を出してごらんなさい。きっと今までとは違う結果になるはずよ。

他人の意見に正解を求めたらダメよ

自分と意見の違う人に、ああだこうだ言われたらムカつくわよね。
でもアンタの意見もその人の意見も「当人が正しいと思う意見」なの。
そこに正解を求めようとするからおかしくなるのよ。
必ずしも相手の意見の方が正しいと認めなくていいわ。
違って当たり前って思えばいいの。
その上で相手の意見を尊重なさい。もめごとがぐっと減るわよ。

自分と他人の意見が食い違うことって日常的に起こるわよね。

こういうときって、性格が出るものなの。

自分の意見を押し通そうと相手を批判する人と、自分の意見を覆して他人の意見にすぐ寄せようとする人。どちらもトラブルを起こしやすいタイプよ。

相手を批判すれば当然相手は不快な気持ちになるわよね。いくら理論的に言われても自分がその意見を正しいと信じている限り納得はしづらいし、ますますムキになりがち。逆に自分の意見をすぐに捨てて相手に寄せてしまうと中身のない人間、と思われてしまうことも少なくないわ。

大切なのは、**人の意見を否定しないで尊重する**ということなの。「貴方の意見はよくわかりました。その上で私はこのように考えています」って冷静に言葉を紡いでごらんなさい。少なくとも相手が気色ばんで喧嘩になるようなことは減るはずよ。

人にはそれぞれの意見があり、当人はそれを正解だと思っている。

これを忘れることなく自分と相手の意見を尊重し合えれば、きっと建設的な話し合いができるようになるわ。やってごらんなさい。

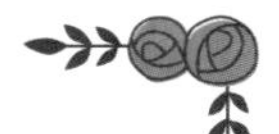

人の不幸に蜜の味を感じたら他人に関心を持ちすぎている証拠

好き嫌いはハッキリなさいとは言ったけど、他人の不幸見て「ざまあみろ」とか思ってたらダメ。むしろ、まだまだその相手に過度な関心を払っている証拠よ。他人の不幸を喜んでも、アンタは1ミクロンも幸せになんないの。

他人の不幸を「ざまあみろ」って思う気持ちがあるうちは、アンタは精神的にまだまだ幸せには程遠いと思ったほうがいいわ。

誰かの失敗で自分の立場が良くなったり、アンタの溜飲(りゅういん)が下がったとして、本当にアンタはそれを心から嬉しいと思う？

そんなの虚しいだけよ。

他人に必要以上に関心を持ちすぎてしまうと、無駄な消耗を強いられるのよ。人生に使うべきエネルギーは、**常に自分を最優先**にしておきなさい。

誰かを模範にしたり、あんな風になりたい、と思うことでポジティブなエネルギーが生まれることは素敵なことよ。

でも妬(ねた)みや嫉(そね)みの感情は真逆。その人の不幸を願うときは、何のエネルギーも生まないどころか**無駄なエネルギーを消耗する**ことになるの。

どんなに嫌いな人でも、その人が困っていたら黙って手を差し出すくらいの気持ちを持てたなら、それは間違いなく幸せになるためのエネルギーを作れている証拠よ。無理にする必要はないけど、人の不幸を笑うことだけはやめなさい。アンタの不幸の始まりよ。

感情を我慢すると心がどんどん傷む

おかしいときには笑う。悲しいときには泣く。
それをくだらない意地やら世間体で踏ん張ったり我慢したりするから
感情が壊れてしまうの。
そのときの感情を否定したらダメ。
しっかり外に出さないと、アンタがアンタでいられなくなるわ。
我慢ばかりするのは、
サイズが合わない靴を履くのと同じくらいつらいからね。

日本人って「慎み（つつし）」っていう言葉を大事にしすぎだと思うのよ。**感情を外に出すことが下品とか恥ずかしい**って文化があるわよね。

でもそれって**心に我慢を強いる**ってことだから、とても良いことだとは思えないわ。

楽しいときに声をあげて笑う、悲しいときは涙が枯れるまで泣く。感情っていうのはね、**外に出し切ることでリセットされる**ものなの。

我慢したらいつまでも感情が脳内にくすぶって、気持ちの滞りを生んでしまうの。これを東洋医学では「気滞（きたい）」って呼ぶわ。この状態になると体中が凝ったり、お腹が張ったり、イライラが止まらなくなったりといろんな不調が起こるの。

感情はしっかりと出し切る意識を持ちなさい。恥ずかしくも下品でもないの。そんな「無駄な慎み」なんて要らないのよ。

モヤモヤした気持ちがアンタの体と心を侵すことのないように、しっかり泣いてしっかり笑っていいのよ。

自分の正義を強要するんじゃないわよ

自分がやっているのに他人がやらないとイラつくわよね。
コロナウイルス対策とかまさにそう。
でもそれを他人に強要するのはダメよ。
相手には相手の生き方があるの。生き方を押しつけたら争いになるわ。
我慢できないならジャンプボタン押すの禁止で、
スーパーマリオを延々とプレイさせるわよ。
人を変えようとすると心を無駄に消耗するわよ。気をつけなさい。

「なぜそんなことをするのか理解できない」、生きているとそんな思いを他人に対して抱くことって少なくないわよね。

アンタの中にある正義や常識に照らし合わせたらそれは異常と思えるだろうし、それを許容できないという気持ちが起こることも理解できるわ。

でもね、それを相手にぶつけて「常識だろう」とか**アンタの中にある正義を振りかざしてそれを相手に強要したらダメ。**確実に争いになるわ。

アンタの中にアンタの常識や正義があるように、**他人にもその人の常識や正義が存在するの。**そしてそれは食い違うことがほとんどよ。思考や論理は人それぞれだから。

アタシはね、他人と話すときに「そんなの常識だろ」とか「それは間違っているよ」って言葉を使わないように気をつけているの。他人の常識や正義に基づいた言葉は、その人にとっては人格や人生そのものを否定されているように感じることもあるからね。

アンタが正しいと思うことを貫くのは、素敵なことだし必要なことだと思うわ。

でも**相手もまた同じように考えて自分を貫いている**可能性が高い、ということを忘れないでちょうだいね。

肩の力を抜くことが成功に繋がるのよ

アンタたち、「いつでも全力投球！」なんて思ってない？
それ大間違いよ。
70％くらいでいいのよ、対人関係もそれくらいでいいの。
肩の力抜いて「70％でいい」って呟いてごらん。
ガチガチに固まった状態じゃ、ろくな結果出せないわよ。

何をするにしても全力投球しているのに結果が出せない、自分には才能がないんだって嘆いている人をよく見かけるけど、そういう人ほど全力投球はできてないのよ。

１００％を意識すると体にぐっと力が入るわよね、そうするとガチガチに固まってしまって柔軟な動きが取れなくなってしまうの。**全力投球には程遠い状態を、自分の意識が作り出してしまっているわけ。**

他人に向き合うときも「絶対に嫌われたくない！」と考えすぎて、何を話すか事前に準備しまくって自分のことだけを話し続けたらどうなるかしら。相手は楽しいと思えないわよね。

本当に全力投球したいと思うのであれば、大きく深呼吸でもしながら肩の力を抜いて**70％くらいを意識して**ごらんなさい。

安心して。肩の力を抜くのと手を抜くのとはまるっきり別物よ。

リラックスして相手の話をよく聞くことから始めて、**相手の話に合わせて自然に頭に浮かんだ質問を投げかけて**ごらん。話も弾むし印象も良くなるわよ。

「**ゆるゆるリラックス70％**」を意識して生きてごらんなさい。楽だし結果も出るし、いいことづくめよ。

対人関係は人生の一要素
囚われすぎには注意なさい

対人と対人生を切り離すといいわよ。
対人関係に囚われすぎると、「自分の人生をどう生きよう」って
人生を作るために使うエネルギーがなくなってしまうの。
どちらも大切だけど、別物と考えることが大切よ。
対人関係は大事だけど、
人との関わりだけで人生は決まるわけじゃないからね。

「友達がいない」とか「対人関係が良くない」という話と「人生終わった」っていう発想がどうしても連動してしまう人が多いわね。

気持ちはわかるけど、**対人関係で人生がすべて決まるわけではないわ。**そのほかにも自分の人生を充実させる要素はたくさんあることを忘れたらダメよ。

もちろん毎日の生活において人との関わりはとても重要なものだけど、**人間はまさに星の数ほどいるわ。**目の前にいる「理想の人」との関係性が悪くなったり、お別れすることになったときに本当に人生が終わったように感じる気持ちは理解できるけど、立て直すことはいくらでもできるわよ。

人生はいくつもの要素が合わさってできているもの。対人はその中の一つの要素に過ぎないの。日々が移ろう中で人生の形が少しずつ変わっていくように、人間関係も少しずつ変わっていく。**不変なものはないし、変わることを恐れても前には進めないわ。**

誰かとの固定の人間関係に囚われすぎて、自分の人生を形作るためのエネルギーを消耗しすぎないように注意なさい。

誰かの手を借りることも大事なことだけど、基本的に**人生は自分の力で切り開くものよ。**

自分ですべて解決しなきゃいけない、なんて幻想よ

自分を変えたいと思ったときに、誰かに手伝ってもらったり、
薬や人工施術は卑怯とか思ってない？
あのね、アンタ一人でできることなんてたかが知れてんの。
遺伝子に勝てないことだっていくらでもあるのよ。
アンタが苦しんでいることを解決するために、
何かの手を借りることに遠慮なんてしなくていいのよ。

何でも一人で完璧にこなさないと気がすまない、っていう人がいるわよね。

はっきり言うわ。**絶対無理だからやめておきなさい。**

物事には各分野に専門家がいるのよね。それぞれ、アンタには絶対にできないことをできるようになるために自分の時間を使ってきた人たちなのよ。自分がしなくてはいけないことをきっちりこなすのは大切なことだと思うわよ。でもね、**自分以上のことができる人の力を借りることを悪だとか、恥ずかしいとか思う気持ちはただの傲慢**なのよ。アンタのエゴ、なの。

自分の持っているものだけでアンタの今が幸せなら何の問題もないわ。でも誰かや何かの力を借りてアンタの毎日がより輝くのであれば、そこを躊躇する必要はないのよね。

例えば整形することや薬の力を借りることが卑怯、ともし思うのであれば、それは他人の目を気にしすぎている証拠。「親にもらった顔を整形するなんて」となじられた人の相談を受けたことがあるけど、アンタの顔はアンタのものよ。幸せになるためにどうしようと、それはアンタの自由だとアタシは思うわよ。

大切なのは**アンタ自身が心に枷（かせ）をかけていやしないか**、ってこと。

自分の幸せのために動くことを決める権利はアンタにしかないのよ。

column

ちょっとだけ大事なこと言うわよ

やりたいことがあるのなら恥は捨てなさい

アタシはさ、人前に出るときだけこんな着物姿でメイクしてるわけ。喋り方だって普段とは全然違うの。

でもね、アタシはこういう自分を人前に出すことを恥ずかしいと思ったことは一度もないわよ。

なぜなら、自分の言葉を多くの人に届けようと思ったらこの姿でいる方が上手に伝わる、ということがわかったから。

そんなときにアタシが恥ずかしがってたら、見ている人だって「なんで恥ずかしいと思うのにあんな格好してるんだ?」って思うわよね。

例えばアンタが大きな劇団の舞台を観に行ったとするわ。そこで主役を張っている人が恥ずかしそうに演技をしていたら、アンタはその役が伝えたいと思っているメッセージをきちんと受け取ることはできないわよね。

人生もこれと一緒よ。人生を歩くというのは舞台で演じるのとよく似ているわ。**役に没頭している人の言葉の方が心に響く**のは当たり前のこと。アンタは人生という舞台に立つ役者。自分の言葉を誰かに届けたいと思っているとしたら、**自分の人生に「没頭」する必要がある**の。

自分がやりたいこと、自分が伝えたいこと、自分が歩んでいきたい道の上でアンタがすべきことはまず羞恥心を捨てることよ。

自分がしていることが正しいことなのか、それとも間違っていることなのか、判断するのはあくまでもそれを受け取る側。アンタがそれを決めることはできないのよ。

でも少なくとも、アンタ自身が届けたいものを正しいと思わなければ、相手に伝わるわけなんてないのよね。

自分がこう、と決めたなら恥ずかしさを捨てなさい。たとえその姿が周りから見て道化のように映っていても何の問題もないのよ、道化に没頭すればいいだけ。

見た目なんか気にする必要はないわよ。泥臭かろうがみっともなく見えようが、恥を捨てて何かに没頭するアンタの言葉には必ず力が宿り、相手の心に刺さるわよ。

さ、羞恥心なんてここに置いていくといいわ。

第2章

他人の顔色うかがってる場合じゃないわよ

伝える価値のある相手を認識なさい

アンタの言葉が伝わらない奴にいちいち気を使ってんじゃないわよ。
それ、時間とエネルギーの無駄使いよ。笑顔でスルーしなさい。
でもアンタが心から気持ちを伝えたい相手には
ＬＩＮＥでも電話でもなく、直接顔を見て伝えなさい。
そこだけはしっかりしないと後悔するわよ。
「気持ちのぬるま湯状態」は一番モヤモヤするものだからね。

「話せばわかる」って思うでしょ。

ところがどっこい、そんなことはないのが人間社会なのよ。

話せばわかる、っていうのはあくまでも**アンタの話を聞こうという姿勢があるっていう前提があってこそ**なの。そんな気持ちがさらさらない相手は、動物より意思疎通ができないのよ。

「誠意を伝えれば……」とか思っても時間と労力の無駄よ。

反対に、**思いを伝えなくちゃいけない相手に対して中途半端にしてはダメ**。「あのときしっかり気持ちを伝えておけば……」っていう後悔はずっと心の中に残り続けるわ。「言ったらつらくなるかも」っていう気持ちは理解できるけど、「伝えておけばどうなっていたかな」っていう**気持ちのモヤモヤは自分を責める格好の材料になる**の。

だからアンタが思っていることはしっかりと伝えなさい。相手が自分のそばにいなくなったら困るなら特に、よ。

その結果がどうあれ、**自分で動いた結果であるなら、アンタはいつかそれを受け入れられるようになる**はずよ。少しだけ勇気を出してごらんなさい。

相手のタイミングを見すぎるのはやめなさい

「まず相手に理解されてから」とか思ってるから初動が遅くなるの。アタシは理解されてからなんて思ってないわ。この姿見なさいよ。やりたいことあるんでしょ？　なら即やりなさい。ひたむきにやってたら、相手の理解なんてあとから勝手についてくるわ。アンタを理解しないヤツなんて、そもそも眼中に入れる必要ないのよ。

自分のやりたいと思っていることを、相手のタイミングを図りながらやろうとする人が多すぎるわ。

もちろん相手あってのこともあるわよね。でもね、**相手の顔色をうかがいすぎるとアンタのタイミングを逃してしまう**ことが多いのも事実よ。

そんなときは**自分が何をしたいのか、それをどんなタイミングでしたいのか**を頭の中から抜き出して紙に書いてごらんなさい。

そして相手に確認してごらん、遠慮せずに。相手のタイミングと自分のタイミングが合うことって、アンタが思っているよりずっと少ないことに気がつくはずよ。

そんなときにはどうしたらいいか？　簡単よ。

まずは**アンタのタイミングを最優先**させなさい。そしてそれに相手が合わないのであれば**合う相手を探せばいい**の。

「相手はこの人しかいない」っていう思考の呪縛から解き放たれること、自分のタイミングを大事にすること、忘れないでね。

他人に優しくできない自分を責めるのはやめなさい

誰だって、心と体の調子が良ければ余裕ができて人に優しくできるのよ。
反対に調子が悪いときは、脳が自分のことだけ頑張るようセーブかけるの。
その必要があるからそうしてるだけのこと。
だから調子の悪いときに「優しくできない」って自分を責めるのはお門違い。
これは動物の本能なの。理解しておきなさい。

自分のことで手一杯のくせに「他人に優しくできなかった」って自分を責めてる人をよく見るんだけどアンタ何様？　神様？

人間はあくまでも動物の本能として**自分の生存を一番に考えるの**。これはどうあがいても変えられないサガなのよ。

だから人に優しくできるのは、あくまでも自分に余裕があるとき。

「子どもにイラついて怒鳴り散らした」「困っている人に手を差し伸べられなかった」、そういうことで自分を責めるよりも、**自分の心と体の状態をどうすれば整えられるか**、ってことを考えなさいね。

心と体の健康があってこそ、人は他人に優しくできるようになるの。今アンタができる範囲で構わないから、よく寝て、よく食べて、よく動いてごらんなさい。人との心での向き合い方が変わってくるのを実感できるわよ。

できない状況で自分を責めるよりも、どうすればできるようになるのかを考えること。他人に優しくしたいなら、まず何よりも**自分に優しく**なりなさいね。

人を選ばず挨拶するのよ

どんなに嫌いでもどんなにシカトされても、挨拶だけはしなさい。
どんなに仕事ができてもろくに挨拶できない奴はダメ。カエル以下よ。
相手の目を見て挨拶なさい。
アンタをシカトする奴が目を逸らしたらアンタの勝ち。
良い挨拶を、分け隔たりなくしなさい。
それだけでアンタ自身の評価は爆上がりよ。

他人との関係性を良くしたいって思うなら何よりも大切にしたいのは**挨拶**よ。

自分の目を見て元気に「おはようございます」って言われて不愉快になる人ってそうそういないわよね？

良い挨拶はアンタの印象を良くするだけじゃなくて、**アンタ自身の気持ちを明るく、テンションも高めてくれる**わ。そう、簡単なのに良いことづくめなのよ。

それでね、その挨拶をするときに何より大事なのは「**人を選ばない**」ってこと。アンタが大嫌いだと思っている人にも、顔は知っているけど近所のあまり交流のない人にも、笑顔で元気に「おはようございます」「こんにちは」って言ってごらん。

相手がアンタを無視しても気にすることはないわ。

挨拶はね、「**貴方の存在を認めています**」っていうメッセージでもあるの。相手を全否定したいっていう黒い気持ちを持っていたとして、それを洗い流すことにも繋がるの。そんな気持ちを持っていても良いことないからね。

相手のリアクションなんて気にせず元気に目を見て挨拶してごらんなさい。

モヤモヤした気持ちを吹き飛ばして**他人との関係性も良くなる**わよ。

相手の顔色をうかがいすぎるのはNGよ

自分が正しいと思ったら相手の顔色なんて見るんじゃないわ。
いつまで経ってもアンタは誰かの精神支配から抜け出せないわよ。
大きく深呼吸してから、しゃんと背筋正して
相手の目を見て自分の意見を言いなさい。
もしもアンタが間違ってたら、きちんと「ごめんなさい」って謝るのよ。

相手からプレッシャーをかけられて自分の意見が言えない、っていう人は結構多いわね。「なんで自分ばっかり」って思ってない？

これはね、実は大半はアンタに問題があるのよ。相手の顔色を見て自分の意見を変えたり引っ込めたりしていない？

自分の意見を持たない人、他人の顔色をうかがう人の声は相手に届かなくなるの。

よく考えてみて。アンタの言葉に調子よく合わせてくる人に、アンタは心から信頼を置くことができる？　できないわよね。

たとえぶつかったとしても、**自分の意見をきっちり言ってくる人との方が良い関係性は作れるものなの。**人との関係性を良くしたいのであれば、自分の意見を相手の目を見て伝えなさい。

そしてもし自分の考えが間違っていたと思ったら迷わず謝ること。相手の顔色を見るのも、意地を張るのもろくな結果に繋がらないわ。

柔軟な心を持つことは大切。でもそれは決して**相手に媚びるということじゃないの。**ついつい間違えてしまいがちなことだけど、意識なさいね。

孤独の害はアンタが思う以上に大きいものよ

アンタたち寂しくしてない？
寂しいときは誰とでもいいからお話しなさいね。
コンビニの店員さんでも、ＳＮＳで繋がっている人でもいいわ。
とにかく誰かと繋がることが大切よ。
寂しさは誰かと一緒に時間を共有することで減っていくものよ。
「寂しい」って声をあげたら、必ず拾ってくれる人がいるわよ。

「孤独の害」についてはタバコを毎日一箱以上吸うよりも体に悪いとか、うつ病や認知症のリスクが高くなるとか、いろいろと言われているわね。科学的なデータもあるけど、アタシも**体にも心にも孤独のリスクは低くない**と思うわ。

一人でいると、ふと「自分ってなんでここにいるんだろう」って**自分の存在の意味を考えてしまうことがあるのよ**。アタシはこれを「**存在の倦怠感**」って呼んでるの。これは意外と厄介なものよ。

誰かと時間を共有しているとこういう倦怠感は薄れるわよ。できれば気の合う人と一緒にいるのが理想だけど、別に必ずしも人間である必要もないのよ。動物と一緒にいたっていいわ。どんな形でもいいから**孤独を避けなさい**。

社会と繋がると煩わしいこともたくさんあるから、そのすべてに関わる必要なんてないと思うわよ。

でもね、**誰かと繋がっていることが心の安定を生む**ことは確かにある。一人ではどうしようもないと感じているときでも、肩を寄せ合える関係性があれば解決できることもあるわ。

一人で抱え込まないようにね。

言葉をゴテゴテ飾ると伝わらなくなるわよ

アンタの言葉、相手に届いてる？
取り繕ったり、カッコいいこと言おうとしてんじゃない？
相手が気を悪くするんじゃないか、相手がどう思うか、
そんなこと考えてたら一生伝わらないわよ。
そもそも相手の気持ちなんてわかるわけないの。アンタエスパー？
気にせず思いを正直に言葉にして伝えてごらんなさい。

遠回しな言い方や取り繕うための言い訳は、相手に良い形では伝わらないものよ。言葉を飾ろうとすると、**言葉の本質が相手に伝わらなくなる**わ。

言葉を飾ろうとする理由っていくつかあるのよね。相手の気持がわからないから。相手に自分をよく見せたいから。そんな理由が多いと思うわ。でもね、これは間違ってるわよ。

本人でない限り本当の気持ちを知ることはできないのは当たり前。相手の本心がわからない以上、相手によく思われたいという気持ちからの言葉はむしろマイナスになることが多いの。

自分の気持ちを伝えたいときは逆に、できる限り**言葉の装飾を取り除く**のがいいわよ。

相手の気持ちがどう、じゃないの。

大切なのは「**自分が伝えたい言葉と気持ちは何か**」ってことなのよ。これはアンタ自身が１００％わかることよね。

自分の気持ちに嘘をつかず、自分の言葉を飾らずに正直に相手に伝えてごらんなさい。

怖くなる気持ちはわかるけど、少なくともアンタの気持ちはきちんと相手に届くわよ。

相性には逆らわない

相性には勝てないのよ。
アンタがどんだけ苦労しても仲良くなれないのは相性の問題。
磁石のS極どうしはどうやってもくっつかないわよね。
いいの、そのままできるだけ距離とって離れてなさい。
前向きに諦めて、アンタにとってのN極を探すといいわよ。

「円滑な人間関係」を目指そうとするのは仕事の上では大切なことよね。

でもね、人間も動物である以上**生理的な相性が必ず存在する**し、それを覆そうとしても無理が生じてしまうものなの。

解決法はただ一つ。「**相性には逆らわないこと**」よ。

どうやっても気持ちが通じ合わない、相手の言っていることが理解できない、自分のことを認めようとしてこない、本能的にその人の存在を受けつけない……。

こんなときは完全に「相性が合わないアラート」が鳴りまくっている状況よ。近くにいればいるほど体にも心にも消耗が生まれてしまうわ。**スタイリッシュに距離をとる**のが正解よ。

これはね、どんなに近しい人でも同じなの。たとえ家族や恋人でも同じ。

常識とか良識とかそういうものに縛られて、合わない相性をなんとかしようとするとメンタルを確実に病むわよ。本能に抗(あらが)って無理をしては絶対にダメ。

反対に、**なんだかウマが合う人**と一緒にいなさい。元気を共有できるわよ。

八方美人はトラブルのもと

風邪をこじらせるのは厄介だけど、人間関係をこじらせるともっと厄介よ。
でも大抵の原因はアンタが普段から好きと嫌いを曖昧にしてるせいなの。
好きと嫌いをはっきりさせなさい。「曖昧さはこじらせのもと」よ。
風邪も予防できるでしょ？
人間関係のトラブルも予防できるわよ。

「誰からも好かれたい」という思いは八方美人状態を生みがち。

実はこれが一番人間関係でトラブルを引き起こす原因になるの。誰に対してもいい顔をしようとすると、そこには必ず**ひずみ**が生じるわ。結果として、そのひずみがすべての人間関係を壊すことになることもあるの。

本当に大切な人との関係性を大事にしたいと思ったときに、**人は嫌われる勇気を持つ必要があるのよ。**

「自分は〇〇さんの意見に賛成だ」「自分は〇〇さんを好ましく思っている」、こんな風に発言したときに、仮にアンタがどこかの誰かの反感を買ったり批判を受けたとしても、アンタは自分を貫けばいいのよ。曖昧な態度やどっちつかずの姿勢こそが最もアンタの人間関係を阻害する原因になることを忘れたらダメ。

人に嫌われることを恐れすぎることで、逆に誰からも好かれなくなってしまう生き方をしないように気をつけなさい。

人生は自分と同じ考えを持っている人と過ごせたなら、それだけで十分幸せよ。

謝罪は心を込めて。そこからは相性の問題

自分が悪いと思ったらしっかりと謝ること。
変なプライドとか意地とか全く無駄。
洗濯機に丸ごとブチ込んで下着と一緒によく洗うといいわ。
アンタが心からの気持ちで謝ったらもうそれでいいの。
そこから先は相手次第。相性の問題よ。
アンタを理解して許してくれる人とだけ大切な時間を使えばいいの。

自分に否があったら**きちんと謝る**こと。そこで意地張ってても良いことは何もないわよ。「なぜ自分が悪かったのか」「どういう点について謝罪したいのか」、ここをきちんと明確にして謝ること。そうしないと「中身のない軽い謝罪」と取られてしまうこともあるから注意よ。

でも、ここまでしたなら**ボールはもう向こうにあるの**。あとはウダウダ考えたりせずに相手のリアクションを待ちなさい。

アンタの気持ちが伝われば許してくれると思うし、そうじゃないこともあるかもしれない。アンタがどれだけ誠意を込めても伝わらない相手には伝わらないの。それはもうアンタのせいじゃなくて**相性の問題**になってくるのよ。

そこで落ち込んだり「どうすれば許してくれるの？」とへりくだったりする必要はないわよ。

今回無理に事なきを得たとしても、結局同じことが繰り返されることになるわ。

喧嘩したあとの謝罪に対するリアクションは、**相手と自分の相性を見る一番の機会**よ。

結果がどうあれ、きちんと謝ったなら自分を責めることはないわ。

思いはシンプルにするほど伝わるわよ

「自分の話がうまく伝わらない！」って悩んでるアンタは、「もっとたくさん伝えなきゃ」って思ってないかしら？

それ、逆なのよ。与える情報は起承転結、要点だけでいいの。話をそれ以上聞きたいと思ってる人は質問してくれるはず。

できるだけ与える情報はシンプルに少なくするのよ。

「自分の気持ちがうまく伝わらない」って悩む人ほど、**言葉に枝葉をつけすぎているもの**よ。「伝わらないのは情報不足なんだ」って思いがちなのよね。

でも大抵は逆。伝えなきゃっていう思いが**必要のない情報までつけ足してしまう**ことで、相手は「**結局何を言いたかったのかわからない**」っていう状態になってしまうの。

これじゃあ本末転倒なのよ。

相手に伝えたいことはできるだけまとめること。**要約が上手な人の話はスッと入ってくるわよ。**

学生時代に延々と話し続ける校長先生の話に辟易（へきえき）しなかった？「今学期も皆さんそれぞれやりたいことを頑張れましたか？ 新学期に皆さんの元気な顔を見れることを楽しみにしています、どうかお元気で！」

これで終わったら拍手喝采よね。しかも言いたいこと、伝わるでしょ？

言葉に余計な枝葉はできるだけつけずに、伝えたいことだけシンプルに要約することを心がけてみて。きっとアンタの言葉は驚くほど相手に届くようになるわよ。

「わからない」こそ会話を盛り上げる最高の材料よ

会話のコツを一つ教えるわね。

「絶対に知ったかぶりしない」ってこと。

「知らないと恥ずかしい」、「失礼に当たる」とか思う子ネズミが多いけど大間違いよ。

知ったかぶりしてあとでバレる方がよっぽど失礼よ。

わからないことは「ごめん、教えてくれる?」と素直に聞くの。

会話も弾むし悪いことないわよ。

いつも不思議なんだけど「わからない」「知らない」って言うことで、「嫌われるんじゃないか」とか「馬鹿にされるんじゃないか」って思う人が多いのよね。

ちょっと逆に考えてみて。アンタの話を「ああ、それね知ってるよ」って答える人と、「え！何それ知らない！　面白そう教えて！」って好奇心旺盛に聞いてくれる人、どっちがいい？

アタシは間違いなく後者と話したくなるわ。

人には知っていることと知らないことがある。ある人や世間にとっては常識なことでも興味のないことを知らないのは自然なことだし、**知らないなら教えてもらえばいいのよ。**

「恥ずかしい」っていうのはまだしも**「嫌われる」とか思うのは大間違い**よ。知らないこと、わからないことを正直に言えて、かつ「貴方に教えてほしい」と言える人は嫌われるどころか多くの人に好かれるわよ。

反対に一番やってはいけないのが「**知ったかぶり**」よ。

そもそもそんなもの2秒でバレるのよ。その後の気まずさったらないわ。そっちの方がよほど恥ずかしい思いするわよ。

正直に「わからない、教えて」を言える人になること。それが会話上手になる一番の近道よ。

きちんと利益を提示してくる人間の方が安心よ

アタシはさ「すべて無償です！　なんの見返りも要りません！
貴方のために誠心誠意やらせていただきます！」とかいう人より、
「めちゃくちゃ下心ありますしお金しっかり取りますけど、
その分誠心誠意取り組みます！」って言う人の方が一億倍信用できるわ。

例えば、親が子に愛を注ぐのは「無償の愛」であるべき、ってほとんどの人が思うわよね。

でもね、**人間は聖人君子にはなれないのよ**。いつでも誰かのために無償でエネルギーを使い続けなければいけない状況を強いられたりしてたらどこかで立ち行かなくなるわ。

だから逆に、「貴方のためなら何も要らない」って誰かに近づいて来られると警戒するようにしてるのよね。信用できない、というのもあるけど、「**そんなの持続しないわよ**」って思うの。

「誰かのために何かをするときに利益や報酬を求めたらいけない」なんて考えは、関係を続けたいなら持つべきではないわよ。

下心や目的、報酬があるから頑張る、っていう方がよほど**人間らしいし信用できる**。きちんと相手の気持ちが形になって見えるからね。

信頼関係は無償の関係って思いがちだけど、それはちょっと違うんじゃないかしら。親友や家族だから相手に何かを求めたらいけない、なんていうのは逆に気持ち悪いわよ。

アタシの考えが間違っている、って思うのは自由よ。

でもそう思うアンタの心は疲れていないかしら？

争いごとはすべて不安と恐怖から起こるのよ

青筋立てて理不尽に怒る人っているでしょ？　なぜか考えたことある？
①反撃されるのが怖い、②自分の人生に超不満、③はけ口がほかにない、
漏れなくこのいずれかよ。
どう？　可哀想、って思わない？
そんな可哀想な人のためにアンタが凹んだり傷つく必要ないわよね。

どんな小さな争いも、根っこを見ると人間どうしの不安や恐怖から起こっているものよ。

「相手が何をしてくるかわからない、やられる前にこっちからやらなければ」という意識が常に起こっている、っていうことなの。特に攻撃的な言動をしたり、理不尽なことばかり言う人間は、この不安や恐怖に顕著に囚われている場合が圧倒的に多いの。

強い言葉で相手に圧をかけている人間ほど臆病者ってことなのよ。だからそんな臆病者相手にアンタが恐れる必要はないわよ。

逆にアンタが怖がったりするほど相手は調子に乗って強く出てくるからね。

それが嫌ならしっかり目を見て、相手に負けずに自分の考えを言ってごらん。「**こいつは面倒だ**」**と相手が思ったらアンタの勝ち。**そういう輩は常に自分より弱いものや怖がって言うことを聞く人間を探してるわ。「断ったら怖いから……」と無理を聞いたらダメ。つけこまれるわよ、気をつけなさい。

もしアンタが日常的にそんな相手にイライラしたり、嫌な気持ちになっているなら、この話を頭に入れて向き合ってごらん。**臆病者の取るに足らない発言**なんだな、と思えたら随分気持ちも楽になるんじゃないかしら。

相手に投げた負の感情はそのまま自分に返ってくるわよ

他人の悪口、愚痴、文句、不平不満、諦め。
こんな負の言葉を口から投げると、
見事にブーメランみたいに自分に返ってくるわよ。
口にした言霊は戻せないってこと、覚えておきなさい。
だから負の言葉は投げないで、楽しいこととして元気づけるの。
その元気でしっかり負の言葉を潰すといいわ。

自分の心が傷ついたり、落ち込んだりしているときって、誰かに自分の中の負の感情をぶちまけたくなるわよね。でもね、その**負の感情が自分に返ってくる可能性を忘れたらダメ**よ。特に他人の悪口や陰口を言うと「同じことをされても構わない人なんだ」って認識されるから、ブーメランになって自分のことを悪く言われてしまうことが多いのよね。

気心の知れた相手に自分のつらさを話したり共有することは悪いことじゃない。

でもそれはあくまでも「**話を聞いてもらう**」って**ところで止めておくべき**なの。アンタも愚痴や不平不満を延々と聞かされるのは嫌でしょ？　自分がされて嫌なことはするべきじゃないわ。

同じ愚痴や不平不満だったとしても「**この先どうするのがいいか**」っていう建設的な話の終わり方にすれば、負の感情をただ相手に投げつけるという状況を回避することができるわ。

その場合でも、話題の中の相手を誹謗中傷したり、聞く人が気分が悪くなるような言い方をしないように心がけておきなさい。いくら負の感情で気持ちが高ぶっていても、口から発せられた言葉は戻せないから。

誰かに話すのは、あくまでも自分で負の感情を処理するための力をもらう行為なのよ。

「人の振り見て我が振り直せ」は真理よ

話を聞いてもらえない、って文句言ってるアンタ。
アンタこそ人の話を聞いてる？　適当にふんふん頷くだけで流してない？
子ども、パートナー、恋人、仕事仲間、友人なんて関係なく、
アンタの聞く姿勢が相手に聞かれる姿勢そのものなの。
写し鏡みたいなものなのよ。

イライラしている日々がしばらく続いて、ふと我に返ったら周りの自分に対する反応がすごくギスギスしていた、誰も自分の話を聞いてくれなくなった……そんな経験はないかしら。

それはアンタ自身が生み出した空気である可能性が高いわよ。

自分に余裕のないとき、トゲトゲした気持ちのときに他人の話を聞く、ってなかなか大変よね。

でも、自分がつらいときに自分の話を誰かに聞いてもらいたい、って思うことがもしアンタにあるのであれば**人は持ちつ持たれつ**よ。アンタ自身が人の話を聞いてあげる必要があるの。いつでも、とは言わないわ。心に余裕のあるとき、自分の時間が取れるときで構わない。でも適当に相槌をうつだけではなく、「アタシだったらこんな風に聞いてもらいたい」っていうスタンスできちんとお話を聞いてあげなさい。**周囲の人がアンタに向けている感情はアンタが周囲に向けている感情の写し鏡。**

「どうして誰も自分の話を聞いてくれないの」ってぼやいているアンタは「他人の（自分への）振り見て我が（他人への）振り直せ」を実践してみるといいわ。**都合よく自分の要求をしているだけじゃ、世界はそれほど優しくしてくれない**わよ。

column

ちょっとだけ大事なこと言うわよ

「意味のあるごった煮」で才能は開花する

「唯一無二の才能がないと成功できない」なんて、そんなこと誰が決めたの？　そんなこと全くないわよ。そもそもそんな才能を持っている人間だけが成功する社会なんて、面白くもなんともないわ。

成功者の大半は普通の凡人よ。天才なんてほとんどいないわ。

でもね、経験則だとそこには一つだけ法則があるのよね。

成功するための才能は「意味のあるごった煮」から生み出されるのよ。

これだけじゃ意味わからないわよね。

「唯一無二の才能」なんてこの世にほとんど存在しないのよ。でも、「そこそこの才能」でいいならどうかしら？　その数は急激に増えるわよね。

「そこそこの才能」がどれくらいかっていうと、「まあプロ並みと言えるくらいの技術」程度で構わないわ。

残念だけどこれを一つだけ持っている人はたくさんいるから、確かにこれだけじゃ成功することは難しいわ。

でも、そういう**「そこそこの才能」ならそれほど時間をかけなくても誰でも手に入れることはできる**のよ。

だから、一つのことに10年も20年もかけて手に入るかどうかもわからない「唯一無二の才能」なんてものに手を伸ばすよりも、少しだけ時間をかければわりと誰でも確実に手に入れることのできる**「そこそこの才能」を二つか三つ、手に入れる**といいわ。

ただし気をつけて。いくつかの「そこそこの才能」の**相性を最初に考えておく**のよ。

そして相性のいい「そこそこの才能」を二つか三つ、組み合わせてみたらそこに現れるのは「**唯一無二の才能によく似た才能**」よ。

例えばアタシがよく知る漢方専門家は、「そこそこの才能」として「薬剤師という資格」

と「漢方の知識」と「心理学の知識」を持っているのよね。これらを組み合わせると薬剤師×漢方×心理学で、「こころの問題を専門に取り扱うことのできる漢方の専門薬剤師」ができあがるわけ。一つ一つは大して珍しくもないけど、三つ揃えればちょっと珍しくなるでしょ？

凡人のアンタが「唯一無二の何かになりたい！」と願うのであれば、このやり方を試してごらん。

アンタだけの組み合わせを見つけられることを祈ってるわ。

第3章

恋愛は対等の関係性が大前提

相手が離れていくのはアンタの問題じゃないの

一方的に別れ話を切り出されたとき、相手からどこが嫌だとか、
ほかに好きな相手ができたとか言われたら、
「悪いところは直すから」って言うのはやめなさい。
メンタルマウント取られて相手の都合のいいようにされるわよ。
お互いを大切にできない関係に未来なんてないのよ。
さっさと次に行きなさいね。

恋や愛は永遠のもの、って誰でも信じたいわよね。

でもね、**人の心は移ろうもの**なの。

離れゆく気持ちを努力で止めようとすることを無駄とは言わないけど、相手の気持ちの問題で離れていくときに、**自分を無理に正そうとすることはやめた方がいい**わ。それによって相手の気持ちがアンタのもとに戻ってくることはほとんどないと思うから。

むしろアンタのそういうすがる気持ちを利用して、アンタを都合のいい存在にしようとすることも多いのよ。時に**人の心は残酷で打算的になってしまう**ことがあることを忘れてはダメ。同時にそういう気持ちが起こるときには、必ず**心が折れている人**がいるの。

大切な人とずっと繋がっていたいという気持ちはよくわかるわ。

でも**心の天秤はお互い釣り合っている状態**でないとうまくはいかないもの。**依存したり妥協してしまう関係性なら一度きちんと終わらせなさい。**

そうすれば、アンタと同じ目線でお互いを尊重しあって生きていける新しい相手が見つかるわよ。

体だけの関係はスポーツと割り切る

「心の通ってない体だけの関係ってダメですか？」

ってよく聞かれるんだけど、アンタがいいなら別にいいんじゃない？

でもそうするなら、割り切ってスポーツと捉えるくらいにしなさい。

それを当然のように要求してくる人と心が繋がることなんてないわよ。

「いつか」を期待しても無駄。アンタの体と心を大事になさいね。

アタシは受けた相談を倫理観や善悪で判断することはしないの。

だっていい大人なんだから、それが善いことか悪いことかなんていうのは当然相談する本人がわかっているはずでしょう。だから体だけの道ならぬ関係性が倫理的にどうとか、アタシにとっては正直どうでもいいことなの。

でもね、あくまで体だけ、と言うならそこで止めておくほうがいいわね。**お互いが求めているものが食い違ったのなら、その関係性には大きな歪みができるの。**それは世間一般的に善い悪いの問題とは全く別問題なのよ。

もちろん、二人でその関係性を変えて新しい道を歩き出せるのであればなんの問題もないのよ。

でもお互いの事情を考えたときに、それがうまくいくケースってずっと少ないのよね。**スタートの関係性は変えない方がお互いのためよ。**

ドライかもしれないけど、たくさんの相談を受けていてそう感じるわ。

最終的にアンタがどんな選択をするのであれ、アンタの**心と体を第一に考えなさいね。**

思い出補正には注意なさい

思い出って美化されるものなのよ。
「昔は良かった」っていう台詞の約9割は美化されてると思いなさい。
今だからできることもあるし、
年齢なんて気にせず、アンタがやりたかったらやればいいだけ。
恋だって挑戦だって、明日には昨日の方が良かった、って補正されんのよ。

「昔は良かった」っていう言葉をあちこちで目にするけど本当にそうかしら。今の日本は閉塞感に包まれている、とか思うかもしれないけど、生きるか死ぬかの選択肢を毎日迫られているような人は現代の方が確実に少ないと思うわよ。

実際は、すべて**思い出補正**されるのよね。

確かに年をとった今よりも、元気いっぱいの昔の方がやりたいことをやれた、と思うかもしれないわね。

でもね、今だからこそ美味しいと思う食べ物もあるし、今だからお金の余裕ができて買えるようになったものも、今だからこそ築けるようになった人との繋がりもあるはずよ。過去には単純に知識や経験が足りていなかっただけで、今の方が物事をより深く考えられるようになったっていう状況もあるんじゃないかしら。

大切なのは「**今あるもの、今できるものに目を向けること**」なの。

昔をどれだけ懐かしんだとしても、今が良くなるわけじゃないわよね。

昔があるからこそ今の自分がいる、そして今日の自分の積み重ねが明日の自分を作る。

だからこそ、**今を目一杯楽しむことが大事**なのよ。

嫌いより好き、好きよりも大好き

アンタたち、自信持って「好き」って言えるものある？
「好き」って口にするのはメンタルにとって「嫌い」って言う5万倍いいわ。
でもね「大好き！」って言うのはさらに6億倍いいの。
「好き」を「大好き」に変える努力をしてごらんなさい。
アンタの人生もアンタ自身も、めちゃくちゃ素敵に変わるわよ。

すぐに人の嫌いなところばかりが目につく人の幸福度は残念ながらとても低いわ。

それよりも、人の嫌なところなんて目もくれずに、自分の好きな人の好きなところを見ていた方がずっと良い時間の使い方になるわよ。

人の心はなにかとネガティブなものに目が行きやすいのは事実ね。

ネガティブな変化をきちんと捉えられるようにアンテナを張っておかないと命に関わる、という野生動物の本能が少しだけ残っているのかもしれない。でも、現代の日本でライオンにいきなり襲われるような状況になることはまずないわよね。

だとしたら「平和ボケ」と言われたっていいじゃない。ネガティブで嫌いなものにばかり目を向けるよりも、**一つでも多くの好きを増やす方がいい**わ。

そしてできれば**その好きを「大好き」に変える努力をする**の。

「好きこそものの上手なれ」は本当よ。好きなものには力を注ぎたくなるし、ましてそれが「大好き」に変わるなら**アンタの人生を変えるものになる**ことだってあるわよ。

「**嫌いより好き、好きよりも大好き**」、この法則をアンタの心の中にしっかりと定着させてごらんなさい。

他人の目がアンタの良さを潰すわよ

「黙ってればいい女なのに、と男によく言われる」

って凹んでた子と話してたんだけど。

それってその男の願望よね。本当のアンタを全く見ていないってことよ。

ソイツこそ黙ってれば「ただのうだつの上がらない男」ですんだのに、

あっさりダメ男認定ね、哀れだわ。

アンタはアンタのままを出せばそれでいいの。

素を自然に出せる相手と一緒にいればいいのよ。

世の中には、見た目だけで判断する人間っていうのが一定数存在するわ。

大抵そういう輩こそが中身のない空っぽな人間なんだけどね。

ちょっと考えてごらんなさい。アンタの内面を見ないで外見だけで優劣を決める人間と深くお付き合いできると思う？　できないわよね。それどころか**アンタの人生には全く必要なのない人間**よ。心を揺さぶられる必要なんてないわ。

確かに内面だけですべてが評価されない理不尽な世界よね。「中身さえ良ければいい」なんて言葉は嘘っぱちかもしれないわ。でもだからこそ人は美しくあろうとするし、その努力は必ず認められるとアタシは思っているの。

ただし、**自分の内面を磨くことを忘れたらそれはそれで残念なことになる**の。

見た目も、内面も、自分を磨くことは大切なこと。でもそれはあくまでも**自分のためにやりなさい**。誰かに言われた、とか誰かのために、である必要は全くないの。

自分を磨き続けていけば余裕ができる。そしてその余裕が他者への優しさや慈愛の心を生んだり、折れない強い心を生むことに繋がるのよ。忘れないでね。

終わった恋愛はリセットすること
そうしないとどこにも進めないわ

大切な人と別れたときはね、
枯れた花を一心不乱に心をすり減らしてもう一度咲かせようとするより、
泣いて泣いて気持ちを切り替えて
次の花を探しに行きなさい。
出会いなんて腐るほどあるわ。
唯一無二の存在、なんて
今のアンタが勝手に思い込んでいるだけかもしれないわよ。

恋愛関係にあった人との別れというのは、どんなものであれ心に重くのしかかるわよね。「なぜうまくいかなかったんだろう」「もう一度やり直せないか」、きっとこんな思いが頭を駆け巡るはず。

反省することは大切なことよ。もし何か自分に問題があるのであれば、次に同じようなことにならないように対策を練ることができるからね。

でもね、どういう形で終わったにしろ、**その関係性は一度しっかりとリセット**なさい。まず0に戻すことをしないと、次のスタートにうまく立てなくなってしまうの。

もちろんいつか二人に縁があるのであれば、もう一度やり直す可能性は0ではないわ。

でもね、昔の感情を引きずったままずるずる付き合い直したとしても、**結局同じことを繰り返すだけ**なのよ。

終わった関係をやり直してうまくいく可能性は、アンタが思っているよりずっと低いのよ。

だからこそ一度0に戻して、改めてその相手と一緒にいたいと思えるかを見定めなさい。

でもアタシは新しい恋に行くことをおすすめするわ。

失敗した恋より新しい恋の方が、しがらみなく幸せになれると思うからね。

他人のスマホを見ても幸せにはなれないわよ

人は誰でも秘密の一つや二つ持ってるの。
他人のＬＩＮＥやメールを見るってことは
その秘密をアンタが裁くことになる恐れもあるのよ。
どうせ見なきゃ良かったと思うなら、はじめから見ないこと。
まあ基本ろくなことないわよ。
秘密を見た上で「私の行動正しかったよね？」って人に判断委ねたらダメ。
その責任はアンタが負うものということを覚えておきなさい。

残念ながら大抵の人間は一つや二つ、やましい秘密を持っているものよ。**何の秘密もない人間なんていない**、と思った方がいいわ。

「彼氏や彼女がなんだか怪しい行動をとっている」と感じたとき、その関係性が壊れてもいい、という覚悟を持ってスマホを見なさい。どんな理由であれ、**他人のプライバシーを見るというのはその責任を自分が負う**ということにほかならないわ。**相手の行動の善悪はそこには関係ない**ことを理解しなさいね。

「物事が大きくなる前に事態を収めたい」という気持ちで動くことも多いと思うけど、それを相手に突きつける時点で余計に物事がこじれることもあるのよ。

もちろんアンタが傷つくようなことを相手がしていることが悪い、と言われたらそれまでかもしれないけど、**人間なんて弱いもの**よ。

相手の秘密を許容するのか、突き詰めて関係性を壊してでもスッキリしたいか。

どちらも負うものはあるし、どっちが正しいと決めることも難しいことよね。

誰かと一緒にいるってことは相手の秘密とも一緒にいるってことなのかもしれないわね。

いずれにせよ、自分で選択したのならそのあとは迷いなく動きなさいね。

勝手な思い込みが仮定を現実にするのよ

仮定の話で勝手に落ち込んだり諦めてない？
嫌われてるかもとか嫌われたとか、確証もなく悶々としててんじゃないわよ。
心当たりがないなら「最近ちょっと気になってたんだけど私何かした？」
って本人に確認なさい。
おかしな決めつけが仮定を現実にすることもあるのよ。

人の感情なんていうのは寄せては返す、さざ波みたいなものなのよ。女性には生理があるし、ホルモンや生活環境の変化から人は常にいろんな刺激を受けるわ。毎日平らな感情ではいられないから、人に対する態度だって変わることは普通にあるの。

アンタが常に誰かの感情を気にかけていたとして、その当たり前の変化を過剰に捉えてしまうと、勝手に「自分は嫌われたのかも」という必要のない疑念を持つことが起こりうるわ。

そうなるとどうなると思う？

相手との接し方が、アンタが勝手に思い込んだ相手の感情への対応になってしまうのよ。そうすると、何もおかしな感情を抱いていなかった相手も「最近なんだかおかしいぞ」と感じてしまう。そしてその思いがアンタへの行動に反映されてしまう……。

アンタの思い込みが、関係性をいつの間にか本当に変えてしまうことがあるのよ。

こんなの御免被りたいでしょ？

人の感情の機微にあまり過敏になりすぎないように意識しておきなさい。

「最近疲れているみたいだけど大丈夫？」「何か悩んでる？　相談にのるよ」って相手を思いやりつつ、モヤモヤしていることがあるなら**本人に確認してごらん。**大切なことよ。

幸せは待っているだけの人に来るほど暇じゃないの

幸せになれる自分を信じること、そして行動すること。
この二つのどちらかが欠けてもアンタは幸せになれないわよ。
受動的に待っている人のところに来るほど幸せは暇じゃないの。
幸せっていうのは信じて動く人にアンテナを張ってくれているものよ。
だから無様でも格好悪くてもこの二つをしっかりやりなさい。

「君を一生幸せにするよ」、こんな言葉をよく耳にするわよね。

こう言いたくなる気持ちはよくわかるし、これを言われた相手もきっと嬉しいと思うんだけど、ちょっと違和感を感じるの。

幸せは「なるもの」であって「してもらうもの」ではないわよね。

一緒に暮らしていこうと思ったのなら、お互い支え合って二人で幸せを作っていくものよ。

それを「自分が幸せにする」って言われてしまうと、その人に依存して生きていかなくてはいけない、と思うこともあるんじゃないかしら。

幸せは、ただ待っていてもやっては来ないわよ。

「果報は寝て待て」という言葉があるでしょ？　あれはね、「やるべきことをしっかりやり尽くしたのならしっかり眠って待っていなさい」という意味なの。幸せになるためにはきちんと自分で動くことをおろそかにしないでね、っていうメッセージでもあるとアタシは思うわ。

幸せは他人を妬（ねた）まず、**自分を信じて貪欲に求めて動いている人にやってくるの。**

そのことを忘れないでいてね。

「ないから持てる幸せ」を探してごらんなさい

家に帰っても誰もいない？　恋人や家族が欲しい？
そう思うなら努力してごらんなさい。
でもね、煩わしさもあるわよ。
独りのアンタは最高の自由を持ってるわ。それもかけがえのないものよ。
ないものねだりは人のサガだけど、今持っているものに目を向けてごらん。
「何かがない不幸」なんてのは大抵ない物ねだりの思い込みなのよ。

人は寂しさを感じると、誰かを束縛したくなったり、寂しさを感じていない人のことを妬んだりしがちになるわ。

持たざる者は持つ者を羨む……これってないものねだりなのよね。

でも**何かを持っている人は、持っている人なりの悩みを持っている**ものよ。

パートナーがいれば友人と自由気ままに遊びに行くような行動は制限されることもあるし、子どもがいれば子どもの成長に応じて悩みは尽きないものよ。

大切なのは「持っていないもの」に目を向けるのではなく「**今の自分が持っているもの**」に**目を向けること**なのよ。

アンタが羨む人が反対に、アンタのことを羨んでいることもよくあるの。

自分の今の生活の価値を再確認してごらんなさい。

あるものが「足りない」、あるいは「ない」、というのはあくまでも「もしそれがあったら」という理想像だけを見てしまうことで起こるのよね。

「ないから起こる不幸」ではなく「**ないから持てる幸せ**」を探してごらん。アンタの周りにはそんな幸せがきっと溢れているはずよ。

人の気持ちはギブ&テイクにならない

求めすぎる気持ちは空回りするわよ。
「こんなに愛してるのになぜ愛してくれないの!?」という思いは
「愛されたい！」っていう気持ちが強すぎて、相手は重く感じてしまうもの。
まず求めないで与えることを心がけなさい。
見返り求めず愛してごらんなさい。
なに？　愛が返ってこないですって？
それはアンタと合わない相手よ、やめておきなさい。

見返りを求めて働く、というのは悪いことじゃないわ。

自分の時間を使った分の労働の対価を要求するのは当然のことよ。例えば時給１０００円の労働条件なら3時間働けば３０００円よね。これは当たり前のことだし、とてもわかりやすいわよね。

でも**人の気持ちを同様に対価として要求すると、途端にうまくいかなくなるの。**

「○○してあげたのに」という気持ちで相手に接しても、相手に「それは望んでいないよ」と言われることも多いのよね。人の心に関しては、**自分の動きと同じ対価を相手に要求しても成り立たないことがほとんどよ。**

「見返りを求めないで相手に尽くすなんて騙されてしまうんじゃ」って思ってしまうかもしれないわね。そこは見極めて動きなさい。

もちろん相手の言いなりになる必要もないし、アンタが相手に一方的にしてあげる必要性もないの。大切なのは**「してあげた分だけ返してもらわないと不公平」という意識を持つと対人関係、特に恋愛や夫婦関係はうまくいかなくなる**ってこと。お互いに見返りを求めず与え合える相手や関係性を構築していきなさいね。

目は口ほどにものを言わないわよ

思ってることは口に出して伝えなきゃダメ。
「ずっとわかるような仕草してたのに」って怒るのはお門違いよ。
アンタにとってはバレバレの態度でも、
他人には全然伝わってないことは多いわ。
後悔したくないならきちんと伝えるの。
少しだけ勇気を出してごらんなさい。

自分が思っているほど相手は他人に対して注意を払っていないのよ。

アンタも過去に「こんなにわかりやすくサイン送ってたのに！」とか言われて困惑したことはない？

人間は基本的には自意識過剰な生き物。だからこそ意識のすれ違いは起こりうるの。

残念ながら**目は口ほどにものを言わないのが現実**よ。

解決策はただ一つ、きちんと**自分の思いを口にする**ことよ。

言いたいことを言わないで時間と機会を逃した、っていうのは一番後悔が生まれるわ。まして恋愛のように機会を逃せば二度と手に入らない可能性のあるものであればなおさら。

「言って後悔」は「言わないで後悔」よりもずっと数は少ないものよ。もしうまくいかなかったとしても、**「やるだけやった」の気持ちは次に繋がる原動力になる**はず。

「あんなに視線も態度もわかりやすくしてたのに」なんていう言い訳をしてはダメ。それはあくまでもアンタ目線の勝手な物言いでしかないの。

相手が恋愛マンガみたいに奥手な内気人間の可能性もあるしね。

ドーンと思いっきりぶつかっておいで。

相手にアンタのすべてを把握されないことって大事よ

恋愛において大切なのは「ギャップ」よ。
普段きっちりしてるなら意外とのんびりなところとか、
おっちょこちょいキャラなのに締めるべきところはきっちり締めるとか。
普段とは違うアンタを見せてごらん。いいことあるわよ。

恋愛は別に勝ち負けじゃないんだけどね。

でもなんだか相手にペースを持っていかれるのって癪(しゃく)じゃない？

いつも恋愛で相手ペースに持っていかれてしまうというのは、**アンタ自身が意外性を出せていないせいかもしれないわよ。**

「ギャップ萌え」なんて言葉があるけど、**人間は意外性を感じたときに相手から刺激を受けるものなの。**いつもと違う一面を見せると驚かれるのと同時に、なんとなく**新しい空気が二人の間に生まれる**っていう経験を持っている人は少なくないんじゃないかしら。

もしアンタが恋愛を「勝ち負けのあるゲーム」だと捉えたいのだとしたら、ゲームに勝つコツはあくまでも「**自分のキャラを把握しつくされないこと**」がとても大事よ。

相手の想定を裏切る動きを心がけてごらん。

二人の関係にミステリアスな香りを残し続けるのは、意外に長く仲を続かせるコツだったりもするわよ。

追いかけても追いかけてもつかみきれない、そんなアンタの意外性を出してみなさい。

優しさなのか依存なのか、自分の気持ちを確認なさい

「相手のトラブルに寄り添う」って大事なことよね。
ただし程度をわきまえるのよ。
寄り添っているつもりが「相手の顔色うかがい」になっていたら、
あっという間に「都合のいい人」にされるわ。気をつけなさい。
危ないと思ったら、
小気味良いローキックで相手のスネ蹴って逃げておいで。

誰かに対して何かをしてあげたい、という気持ちはとても尊いし、恋しているときは特にそういう気持ちが起こるものよね。

でも気をつけてほしいのは、その気持ちがいつの間にか「相手に好かれたい」「相手に嫌われたくない」という思いからのものになっていないか、ということ。

基本的に困っている人は助けてくれた人に感謝をしてくれるものだけど、怖いのはその**「困ったら助けてもらえる」というのが当たり前になってしまう**ことなの。

アンタの「相手を助けてあげたい」という気持ちが相手への依存からのものであれば、相手はそれを当然のものと認識してしまいがちなのよ。そうなるとむしろ関係性がおかしくなってしまう危険性があるわ。**助けてあげることと甘やかすことは全く別物**よ。例えば金銭的なことで悩んでいる人に対して、金銭をあげたり貸したりするのは絶対にやめた方がいいわ。解決はあくまでもその人自身にさせないといけないの。

助けてあげる、っていうのは**一緒に本質的な解決方法を考えてあげる**ことよ。その場しのぎの対策を繰り返すだけでは二人の関係にひびが入るだけではなく、ますます問題の根が深くなるだけ。**時には勇気を持って援助を断る**こともその人と自分のためになるのよ。

良い素材があっても活かせなければ無用の長物よ

イケメンとか美人はもともとの素材よ。
遠慮せず活かしまくればいいと思うわ。
でもイケメンじゃないから、美人じゃないからって、
人生諦めることなんてないわよ。
少なくとも中身空っぽの美形より、
明るくて話してて超絶楽しい人とアタシは一緒にいたいわ。

生まれつき見た目がいい人は何かと得よね、っていう意見に特に反対はしないわ。

でもね、イケメンや美人が常に幸せかって言えば、そんなことはないのよ。人はそれぞれ生まれつきいろんな才能や素材を持っているもので、見た目の良さはそのうちの一つでしかないわけ。お金持ちがみんな幸せではないのと同じね。

素材は活かしてこそ価値があるの。

見た目の良さという素材を活かすも殺すも結局はその人次第。見た目が劣っていたとしても、その他の自分の持っている素材を活かせている人の方が幸せになるのは間違いないわ。

「自分には何もない」っていう人が多いけど、**自分の持っているものに気がついていないか、**見た目の良さとか経済力とか、**わかりやすい他者の持っているものに目が行っている**だけよ。

安心しなさい、**何もない人間なんていない**のよ。

そもそも誰かが持っていて自分は持っていないものがある、そんなのは当然なのよ。

大切なのは自分の持っている素材を探して、見つけて、それを活かしていくことなの。

コツは「**他人でできる人がいないもの**」「**誰も真似しようとしないもの**」を探すこと。

誰も注目しないようなものほど輝く可能性があるのよ。

悶々としていても相手には伝わらないわよ

誰かから連絡がない、既読にならない、そんなので悶々としてない？
気持ちはわかるわ。でもね、アンタが悶々として何か状況は変わる？
眠れないかもしれないけど、そんな日は考えずに早めに寝なさい。
結果はどうあれ相手からの動きを待つしかないからね。

大切に思っている相手から夜になっても返事がない……心配だし不安になるわよね。

でもいくら心配していても、**アンタの気持ちで状況が変わるわけではない**のよね。

そうは言っても気持ちの揺れが収まるわけではないことは理解できるわ。**感情は理屈じゃない**ものね。

そんなときはね、「**自分が今どういう気持ちなのか**」を相手に連絡しておきなさい。それだけやったら眠れなくてもいいわ。さっさとベッドに入ってしまいなさい。

こうしておけば、すぐにではなくてもアンタの気持ちは相手に伝わるはずよ。

一番良くないのは、気持ちを我慢したまま悶々とし続けること。これじゃ何もが動かない上に、アンタの気持ちだけがずっとアンタに刺さり続けることになるわ。

「相手がどう思うか」を考えすぎるあまり、気持ちを伝えることを躊躇する人が多いけど、そこでアンタが我慢してもいいことはないのよ。**相手に伝えた上で、相手の対応を見極めなさい。**アンタが気持ちを揺さぶられるほどの価値がある相手かどうかは、そこでわかるはずよ。

取り越し苦労の場合もあるし、悲しい思いをするかもしれない。でも事態がどちらにせよ、**動くというのは人生を進めるために決して悪いことじゃない**のよ。

気分を変えることが自分を変える第一歩よ

「自分を変えたい、でも変えられない」っていうときは、
まず気分を変えなさい。装飾品を使うとかいいわね。
伊達メガネでもいいし、いつもとイメージを大きく変える服でもいいわ。
気分を変えるのが大切。
モノから入ることに抵抗感じる必要はないわ。
いつものアンタじゃないアンタを演出してごらん。
変わるわよ。

「キレイになりたい」「格好良くなりたい」、人生を楽しむためにこんな風に思うことはとても前向きで、決して悪いことじゃないわ。

でもね、気をつけてほしいのは**必死になりすぎたらダメ**ってこと。心に余裕を持ちながら自分の変化を楽しむことが大切なの。一心不乱に自分を変えようと眉間にシワを寄せたりせずに、まずは自分の着ているものや普段聴く音楽などから少しずつ変えてみるといいわよ。

今までの自分になかったものを採り入れることで、少しずつ**新しいものへの抵抗感が薄れて受け入れていくことができる**ようになるわ。

「こんな服は自分には似合わない」「自分がこんな音楽を聴くなんておかしい」、そういう**思い込みを捨てるところから始めなさい。**

人間は誰しも変身願望を持っているものなの。それはいつもの自分と違う自分を演出していくことで、次第にアンタ自身を変えていくことに繋がるわ。

自分の可能性を否定せず、**新しいものへの興味を膨らませて今までの自分にはなかったものを身にまとってごらんなさい。**無理しなくてもアンタの魅力は少しずつ増していくはずよ。

column

ちょっとだけ大事なこと言うわよ

出会いは引力

人との出会い、良いものにしたいわよね。

アタシは「**出会いは引力**」って思っているの。**惹かれ合う人間どうしは無理をしなくても引き合うもの**なのよね。

動かなきゃ始まらない

もちろんその相手のいる環境まで自分が動くという努力は必要よ。いくらなんでも誰もいない一人ぼっちの状況では出会いの引力が働くことはないからね。

それなのに誰もいないところで「出会いがない！」って叫んでる困ったちゃんは少なくないのよね。相手のいない土俵で相撲を取ることはできないわよね？　それと同じことよ。

出会いの引力は対等な関係性のもとに働く

集団環境に身を置いたときに、「この人いいな」って思った人がいたとするじゃない？　そうしたらある程度のアプローチは必要よ。「貴方に好意がある」っていうのを変に隠したりするのはやめなさいね。

でも逆に言えばアンタがするのはそこまででいいの。変に相手の顔色をうかがったり、相手に対してへりくだるようなことはしてはダメ。

出会いの引力は関係性がフラットであるときにきちんと働くもの。素直な自分の気持ちをわかりやすく伝えたのであれば、できる限りその人と仲良く会話ができるといいわね。あとは自然に相手を誘って食事に行ったりすればいいの。

出会いの引力が働く関係性なのであれば、そのまま進展していくはずよ。

うまくいかないのは努力量の問題じゃないの

自然に好意を伝えて、無理せず自然な関係を心がけて、それでもうまくいかないのであれば「自分の努力が足りないんだ」なんて自分を責める必要は全くないわ。

引力が妨げなく働くようにさえしておけばすべては「引力」の成すこと。うまく働くのであればうまくいくし、縁がなければうまくいかない、それだけのことなのよ。

だから思い通りにならなくても、「次の引力はどこかしら」ってすぐに切り替えればいいの。

もしも終わったことや失敗したことをいつまでも断ち切れずに悩んでしまうタイプなら、この考え方で過ごしてごらんなさい。きっと今よりもずっと楽になるはずよ。

第4章

友人関係は変化し続けるのが当たり前

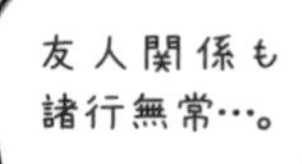

友達は変わりゆくのが自然

「昔の友達と離れて寂しい。」

うん、わかるわ。でもね、昔の友達はやっぱり昔の友達なの。
大事なのは今。だから今の友達を作りなさい。
場所なんて関係ないわ。リアルでもインターネットでもどこでもいいの。
作り方？　変に考えすぎず「友達になってほしい」でいいのよ。

以前仲良くしていた友人と離れて、寂しく思うことがあるわよね。

でも、**環境が変われば友人もまた変わる**、**それは自然なこと**なのよ。昔の友達との関係を今も大切に思うのは結構なことだけど、数年に一度しか会えない友人のことばかり考えて寂しく感じているのはいいことではないわ。

アンタが生きているのはあくまでも今だから。もし友達を求めているのなら「今の友達」を作りなさい。

コロナ禍で今までの友達と会えなくなった、って声もよく聞くけどこれも同じこと。

今の生活の中で交流できる仲間や友達を探せばいいのよ。

「友達作りが苦手」とか「前の友達じゃないと嫌だ」って諦めてしまうのは時期尚早だし、いきなり親友を作る必要もないのよ。どんなに気心の知れた友人だったとしても、最初は知らない他人どうしだったわけよね。

アンタの毎日の寂しさを埋めてくれる仲間なら、インターネットを通じてでも出会えるはず。

「友達」とか「親友」の定義を難しく考えすぎず、**気楽に考えて動いてみる**といいわよ。

勝手に思い込むのはおやめなさい

「なんで私だけ誘われないんだろう」とか思ってない？
もしアンタが参加したいなら誘われるのを待っていてはダメ。
自分から「アタシも行っていい？」ってちゃんと言いなさい。
変なプライドなんてミノムシ以下の価値しかないわ。
勝手に「私嫌われてるのかしら」ってウジウジ悩んでもいいことないわよ。

人はつい「仲が良いんだから誘われて当然」とか思い込むクセがあるわよね。だから誘われないと「嫌われてるんじゃ……？」って被害妄想に入り込みがち。

でもアンタが誘う立場だったら、って考えてごらん。

いろんな都合を考えながら、制約のある人数の中で人を誘っているんじゃない？　たまたま漏れてしまっている仲間や友人のことを嫌っているケースってどれくらいある？

なんとなくその企画が立ち上がったときにその近くにいた人を誘って、それなりの数に達したからそれ以上誘うのをやめた、っていうケースが圧倒的に多いんじゃないかしら。

結局のところ事実はそんなものよ。**「自分が嫌われてる」なんていうのはほとんどの場合、ただの被害妄想に過ぎないわ。**

だから素直に「楽しそう！　自分も入れて」って言えばいいだけなのよ。

待つだけの人生じゃ損するわよ。人がどう自分のことを思っているか、なんていうのを頭の中でどれだけ考えても答えなんて出やしないわ。まずは自分から動いて声を上げなさい。

その上で参加させてもらえないのなら縁がないと思って別のところに行けばいいだけ。

勝手な思い込みや想像で、自分の足を止めてしまうことだけはやめなさいね。

友人関係に縛られるのは本末転倒よ

「友人関係が人生のすべて！　死ぬ気で守ろう、嫌われたら死ぬ！」

って思ってるそこの子ネズミ。よくお聞きなさい。

今までの友人関係はずっと変わり続けてアンタはここにいるわよね。

過ごした時間が長ければ親友になれるなんてことないわよ。

友人関係は時間より相性と密度。

そもそも友人関係はあくまでもアンタの人生を楽しくするものであって、

縛られるものじゃないのよ。

「一生友達でいようね」っていう言葉を聞くたびに、マラソン大会で「最後まで一緒に走ろうね、約束だよ」って言ってきたくせに、自分よりずっと早くゴールするタイプの人間と同じ匂いを感じるわ。

友人関係は契約でもなんでもないのよ。気持ちが合わなくなれば好きに解消していいの。でもその言葉に呪縛された人をアタシはたくさん見てきたわ。

「友達のくせに」「友達だと思っていたのに」「友達ってそんなものなの？」こんな恨みつらみを言うような関係性を友人関係と呼ぶのはおかしいわよね。

でもそう言われて心を傷めている人は決して少なくないのよ。不思議よね。

そんな関係の背景には「その関係性しか残されていない」「この人に嫌われたら困る」とか、そんな動機が隠れているものよ。思い当たる節はない？

もしそういう不安や恐怖の呪縛に囚われてるのなら、清々しく解消してしまいなさい。縛りのない新しい友人関係を構築すればいいだけよ。

相手にだけ便利な「友達」という言葉に、アンタが振り回されることだけは避けなさいね。

「他人の幸せ＝自分の幸せ」にはならないのよ

周りの幸せに寂しくなるのはやめた方がいいわ。
他人の幸せはアンタの幸せと真逆のこともあるのよ。
多くの人の幸せはあくまでも物事を「平たく」しただけのもの。
逆に言えば半分くらいの人には必要ないかもしれないってことなのよ。
アンタは自分の心と対話してアンタの幸せを探すの。いいわね？

結婚、出産、出世。

人生のある時期に周りがこういうもので幸せを感じているのに自分がそれを手にしていないことで気持ちが落ち込んだり、他人を祝福できない自分を責めたりすることってあるわよね。

それは**他人の幸せが自分の幸せと同意である、っていう思い込みから起こる気持ち**なのよ。

他人が幸せになっているのに自分だけ取り残されている……。これは不幸って思い込みね。

これは覚えておきなさい。**誰かの幸せはそのままアンタの幸せにはならない**のよ。

本当に結婚がしたい？　出産がしたい？　それは単に周囲の友達が「多くの人が幸せだと言っている道を歩いている」ということに対して焦ったり不安を感じているだけじゃない？

人生は「自分のやりたいことをする」時間であって、「その他大勢が感じる幸せを必死でつかみに行く時間」じゃないのよ。

周囲の幸せに惑わされて、自分の本当の幸せを見失ってしまわないように気をつけること。

アンタ自身が幸せだと感じることをしっかり、ゆっくりと探してごらんなさい。

見つけることができたら焦らずに動き始めてごらん。

たとえそれが手に入れられなくても、**人生に幸せの種はいくつでも落ちている**ものよ。

人生の行いはブーメランのように返ってくるものよ

アンタの大切な誰かが陰口を叩かれたとしても、
「一言言ってやろう！」「売られた喧嘩は買う！」なんて思う必要ないわよ。
人の陰口叩く人間は、ほぼ確実に社会的に自滅していくものだから。
いつの間にか誰にも信頼されなくなってずっと悶々とし続ける宿命なの。
哀れなものよ。
だからわざわざアンタが手を下す価値なんてないわ。安心なさい。

揚げ足を取ったり、誰かの価値を下げて自分の価値を上げようとする人っているわよね。確かにそういう輩には腹が立つし、やり返したくなる気持ちも理解できるわ。

でもね、**人の行いは必ずブーメランのように返ってくるものなのよ。**善い行いであっても悪い行いであっても。

だから困っている誰かを助けたり、本人のいないところで褒めている人は同じことを周囲からしてもらえるようになるわ。反対に、他人を貶める(おとしめる)ような行動ばかり取っている人は尊敬されないし嫌われるし、信用されることもないのよ。たとえ社会で一時的にうまく立ち回れたとしても幸せにはなれないの。

そんな人生ブーメランの法則を理解したら、ネガティブ発言を撒き散らしてその毒に侵されている人をもう一度見てごらんなさい。なんだか可哀想に思えてくるんじゃないかしら。

そんな連中を相手にする時間があるなら、**ポジティブブーメランをあちこちに投げる方がよほど充実した人生を送れるわよ。**気持ちよく誰かを助けて、褒めるの。

自分磨きを続けていけば余裕ができる。その**余裕が他者への優しさや慈愛の心を生んだり、折れない強い心を生むことに繋がるのよ。**

受け入れる言葉は選別していいのよ

誰かに強い言葉を投げつけられて凹んでない？
実はアンタが「受け入れるべき言葉」ってそんなに多くないの。
「アンタを想ってくれる人の言葉」、
「アンタへの意見を冷静に述べてる人の言葉」、
「アンタが魅力を感じる人の前向きな言葉」、
こんな言葉だけ感謝して受け入れればいいのよ。

大きな声で怒られたり、ネチネチと嫌味を言われたりすると、心の傷としていつまでも残ってしまうもの。

そういうときは「**心に受け入れるべき言葉を選別する**」という**意識**を持ちなさい。余計な言葉に必要以上に傷つくことが減るわよ。

そもそも大きな声を出すというのは、相手の心に強いインパクトを与えて、精神的優位になりたいという本能の表れなの。内容は薄っぺらいことも多いのよ。自分の考えを無理矢理相手に刻み込もうとする相手に揺さぶられる必要はないわ。

ただし、人が投げかける言葉のうち「**意見**」**はたとえ厳しいものでも受け取りなさい**。それはアンタのことを想って投げてくれている言葉なの。アンタ自身の成長に繋がるわ。

一方で、ただ単にアンタに自分の意見を押しつけたいとか、一方的にアンタの行動を否定するような批判については受け入れる価値はないわ。

意見と批判。自分の心に余裕のないときにはなかなか判別つけられないものよね。

だから**相手からの言葉を自分の中に受け入れるか否かは**、**少し落ち着いてから考えてみればいい**のよ。相手のペースで無理に受け入れさせられることのないように気をつけなさいね。

助けられ上手は助け上手になれる

つらいときはつらいってきちんと言うのよ。
声に出すことで浄化される心の傷みは必ずあるからね。
「迷惑かけたくない」「自分が耐えれば」なんて思いで声に出さない方が、
結果として周りにも迷惑かけるのよ。
しっかり心を声に出すこと、助けを求めることを忘れちゃダメよ。

自分のヘルプサインを常に外に出せる人は、自分の中ですべてを抱え込むことが少ないから結果として潰れてしまう、ということがほとんどないの。

反対に、「誰かの迷惑になるから」って独りでつらさを背負ってしまえば、どこかで立ち行かなくなって、結果として多くの人に迷惑をかけることになりかねないわ。ひょっとしたらアンタ自身にもこんな経験があるんじゃないかしら。

人生において**助けられ上手になる**っていうのはとても大切なことなの。それはアンタ自身にとってもそうだし、巡り巡って周囲の人のためにもなることなのよ。

「つらい」「苦しい」、そんな声を素直に口に出せる人の方が健全な心で生きれるわ。

恥ずかしいとか情けないとか、アンタ自身がそんな風に感じているのであれば、その感情は無用の長物よ。燃えるゴミの日に出してしまいなさい。

「そんなに世の中甘くない」って思う？　じゃあちょっと試してごらんなさい。自分がつらい、苦しいときに、騙されたと思って声に出してみるの。きっと助けてくれる人が現れるわよ。

ただ一つだけ注意して。一方的に助けられてばかりじゃダメ。**自分がしてもらったことは必ず誰かに返すの。**それだけ守ればアンタは助けられ上手で助け上手になれるわよ。

円よりも縁よ

「金の切れ目が縁の切れ目」なんて言葉があるけど、
お金がなくなったときに誰も周りにいない、
つまり縁を紡いでいないというのは寂しいことだと思うのよ。
お金は大事なものだけど、助け合えて笑い合える縁があってこそ
価値が生まれるものだとアタシは思うわ。

人は孤独になると、著しく健康度が低くなるっていう話を聞いたことがあるわ。

家にこもりっきりになりがちな一人暮らしの高齢者と、年をとってからでもコミュニケーションを常に取り続けている人たちを比較すると、後者の方が元気だし頭もしっかりしていることが多いのよ。

「老後の生活は安泰」と言えるくらいのお金を持っていたとしても、そのお金だけで幸せになれるとはどうしても思えないのよね。**円より縁が大事**なんじゃないかしら。

確かに縁は時に厄介事に繋がったり、面倒に思えるときもあるわよね。

でもね、やっぱり人は支え合うことで生きているのよ。**楽しいこともつらいことも、円の力で乗り切れることもたくさんあるけど、それだけを信用すると人は孤独になってしまう**わ。

スマートでなくても縁の力で乗り越えたときに強くなる連帯感や達成感は、独りで円の力で乗り越えるよりずっと気持ちいいわよ。

アタシが死ぬときは使い切れない円を抱いて独りで寂しく逝くよりも、「いい人生だったな」って泣いてくれる不器用な縁を持って旅出てたらいいなと思うけど、アンタはどう？

三人行動は避けなさい

三人での行動っていうのはおすすめしないわ。
「強い方につく」「正しいものを求める」のが人間心理なの。
だから三人で行動をしていると、
自然と「正しい（強い）側」が現れてしまうのよ。
そうなると必ずと言っていいほど二対一の図式になってしまうわ。
良好な人間関係を作りたければ三人は避けなさい。

アタシ自身の痛い経験なんだけどね。学生時代、三泊四日で仲の良い友達と三人で旅行したことがあるのよ。最初は楽しかったんだけど、二日目にアタシとその他二人の意見が合わないことがあったのよね。それに関してはお互いどうしても譲れなかったの。

そうなるとどうなるか？　自然と「アタシVS二人」の構図になってしまったのよ。

そこからはもう何をするにもこの図式で、アタシはずっとフラストレーションをため続け、二人のアタシへの対応も目に見えて威圧的で感じの悪いものになり……。それがきっかけで友情は破綻したわ。

大切なのは「アタシが折れるべきだった」のではなくて、**「どちらかが強いという明らかな力関係を生み出してしまう三人体制を作るべきではなかった」**ということなのよ。正確に言えばこれは人数の問題じゃなく、**集団環境において一人になるような状況を作ってはいけない**っていうことなんだけどね。

自分の正当性を通すのは決して悪いことではないけれど、**自分が孤立しないように同じ思いを持っている人と一緒にいる**ことも大切なことよ。

アタシの苦い経験が無駄にならないように、きちんと覚えておいてちょうだい。

気遣いを履き違えたら失敗するわよ

友人関係に遠慮ってあまり持ち込まない方がいいわよ。
相手に気を使いすぎると、伝わるものも伝わらなくなるの。
遠慮よりもアタシは「深慮」をおすすめするわ。相手のことを理解して、
深く慮った上で接するの。
「遠くから慮る」よりもずっといいんじゃないかしら。
相手と接するときは「距離より深さ」よ。

「気を使う」という言葉があるわよね。

文字通り「精神エネルギーを使って相手を思う」っていう意味なんだけど、多くの人が失敗するのが「気を使う＝遠慮」と考えてしまうこと。日本人は特にこの気質が強い気がするわ。

「遠慮＝気を使うこと」と思っていると、自分の考えを押し殺しながら結果として相手にも余計な気を使わせることになりがちよ。お互いが遠慮し合う関係って窮屈だと思わない？

遠慮っていう行為はね、相手のことを知っていても知らなくてもできる行為なの。遠慮がちな人間は誰に対しても遠慮が正しい行動だと思って、結果としてお互い窮屈な思いをしがちになってしまうのよ。

それよりも**深く相手のことを知る努力をしなさい。**

「この人はこういうことを嫌がる」とか「こういうことをされるのが好き」というのを把握して行動を選択するの。

お互いが深慮を重ねることができれば、ツーカーの関係ができて、居心地良く一緒にいることができるようになるはずよ。

SNSは入り込みすぎると心を病むわ

SNSでの友人関係に悩んでる子ネズミがとても多いわね。
既読スルーも未読のままなのも、向こうの都合と気持ちがあるの。
残念だけどそのタイミングはアンタの願望とはなかなか一致しないわよ。
自分の行動を振り返ったり、返事が欲しいと伝えるのも時には必要だけど、
自分や相手を一方的に責めるのは違うわよね。
ついそんなことをしてしまいそうになったときは、
少しSNSから離れてみるといいわよ。

過去に今ほど、人と人が繋がっている時代は存在しないわよね。インターネットの普及からのＳＮＳの出現で、世界は文字通り激変したわ。人と人がいつでもどこでも繋がれるっていうのはとても便利よね。

でも、それに過度に入り込みすぎるのはやっぱり危険よ。

人間は孤独でいることでさまざまなデメリットを生んでしまう生き物だけど、**時には一人になる時間も必要**なのよ。

それを考えることもしないで「返事をしない人間」と烙印を押されたらどう思う？　アタシなら「面倒くさっ」って思うわ。

いつでも繋がれるからといって、レスポンスが来ることを当たり前だと思いすぎないこと。それは完全にアンタの都合のいい物言いだと理解しなさい。誰だって人と繋がることに疲れてしまうこともあるのよ。

そんなときは、中途半端にスマホを開けるような状況を作らないようにするの。

シームレスな世界だからこそ、お互いが作るべき壁を作って理解し合うのよ。

「良かれと思って」はアンタのエゴかも

「なんでも話して！　楽になるから」ってあまり強く言っちゃダメよ。
相手にもタイミングがあるわ。
無理強いは気持ちの押し売り。
アンタのエゴになることもあるから気をつけなさいね。
「話したくなったらいつでも聞くから」って言って安心させてあげなさい。

「つらいときに助けてもらったからお返ししたい。」こんな気持ちで困っている誰かを見ると声をかけたくなる気持ち、よくわかるし素敵だと思うわ。

でもね、**アンタの声をかけたときが相手にとってベストタイミングであるとは限らないのよ。**相手には相手の心の状態があるし、それは常に流動的に動いているものなの。

「助けてあげるよ」「力になるよ」っていう言葉は「今のタイミングを逃したら話は聞けないよ、さあどうするの?」って急かされているように感じることがあるのよ。

相手が自分の中で「こうしてほしい」と願ったタイミングで声をかけられないのなら、声をかける前に相手をよく見るようにしなさい。相手のことを本当に思っているのならば、あえて自分から声をかけない方がいいこともあるわ。

とにかく、アンタがすべきことは強引に道を作って「早くこっちへ来なさい!」っていうことじゃないの。

「いつでも話を聞くから無理しないでね」って声をかけておくのもいいわ。**いざというときの心の避難所を作って、「つらかったらここに来てね」って伝えればいいの。**

個性は才能よ

「なんで自分はみんなと同じようにできないのかな」とか悩んでない？
その悩み、いらないわよ。
トリッキーな生き方しかできない、とか凹んでんじゃないわ。
みんなと同じにできない分、アンタにしかできないことがあるの。
人と違うってことこそが「個性という才能」なのよ。

社会生活を送る上でどうしても「やらなくてはいけないこと」っていうのはあるわよね。で、それがうまくできないと「みんなできているのになぜできないの？」と言われる。世知辛いわよね。

でもね、実は皆ができていることができないことなんて誰にでもあるのよ。

その代わり、**多くの人にはできないのに自分にはできる**っていうこともあるわ。これって全て**個性**なのよね。

何かしらの障害があるとか、事情がそれぞれあるだろうけど、できないことがあるからこそできるようになることがあるのよ。大切なのは「できないことにだけ目を向けるのをやめる」、つまり「**自分のできることに目を向ける**」**ということ。**

できないことでいくら自分を責めても何か良いことがあるわけじゃないわよね？

それよりはできることをとことん伸ばす方がよほど人生プラスになるのよ。

なんでもできる「円」みたいな人間を目指そうとしなくてもいいのよ。

いびつな形でもいいから、自分の個性を好きになりなさい。そうすれば自分を好きになれる。

そういう人間の周りには自然と人が集まってくると思うわよ。

人生の楽しみ方なんて人それぞれでいいの

「なんだか周りは幸せそうなのに自分は不幸」なんて、
ブルーになることないわよ。
世間がやれハロウィンだのクリスマスだの浮かれてるからって、
アンタが寂しいと思う必要はないの。
アンタにはアンタの楽しみがあるはずよ。
それをとことん楽しめばいいだけ。
人に楽しみ方まで合わせると疲れちゃうわよ。

「リア充」っていう言葉があるでしょ。「自分のリアルライフが充実している」っていうのは結構なことよね。

でもそれを見て「あの人はこんなに楽しそうなのに、自分は全然こんな風に楽しめていない」って思う必要は全くないのよ。

人生の楽しみ方なんて人それぞれ。家でのんびりゴロゴロ過ごすことを至上の喜びに感じるのもいいし、家にいるよりも外に飛び出したいっていうのももちろんいいと思うわ。

それを「あの人はこうだから」ってわざわざ楽しみの尺度を相手に合わせる意味なんてどこにもないわよ。

華やかに見える楽しみ方が正解なんかじゃないのよ。アンタ自身が楽しいと思えるものに没頭すればそれでいいの。

ハロウィンやクリスマスなんていうイベントだって、それをネタに騒ぎたい人のためのものなの。アンタがそこに乗っかりたいなら存分に乗っかって楽しめばいいし、関心がない自分をおかしいなんて思う必要は皆無よ。

「傷つき損」は時間の無駄

嫌なこと言われて心ざわついてない？
何度も脳内再生しては傷ついてるなんて時間の無駄よ。
アンタがいくら家で凹んだり怒ったりしても相手は痛くも痒くもないの。
それどころか言ったことすら忘れてる可能性が高いわ。
アンタも気にせず切り替えなさいね。

「昔いじめられていたその辛さを自分の目下の人間に味わわせてやる」なんて、歪んだ思想でいじめをする心底残念な人間もいるけど、**いじめている人間がいじめられている人の気持ちを理解することは基本的にない**わ。つまり、アンタが誰かの心ない言葉や態度に傷ついたとしても、その誰かがアンタの心の傷について理解できることはまずないと思いなさい。

言ってしまえば、**アンタが傷ついている時間っていうのは無駄な時間**、ってことなのよ。アンタが無言で傷ついていても相手には痛くも痒くもない……そう思ったらなんだかバカバカしくなってこない？

人間の感情っていうのは、キャッチボールができて初めて意思疎通が図れるものなの。一方的な言葉を受けて一方的にアンタが傷ついても、そこには何も生まれないわ。

それを認識したら、アンタもさっさと切り替えて甘い物でも食べておいで。

「アタシがどんだけ傷ついているかわかる？」って相手に伝えても、不毛な争いになることが多いのよね。そもそもキャッチボールができない人間だから。

全力で自分の気持ちが晴れやかになるようなことをして、嫌なことは忘れてしまいなさいね。

相手への行動は自分の中身を映しているものよ

「今日は人に優しくできなくて凹んでる」
って子ネズミは徹底的に自分のこと甘やかしなさい。
今日はアンタの心に余裕がなかっただけ。
アンタが優しくないわけじゃないわ。
鏡に映った自分の顔、疲れてない？
人に優しくしたいならまず自分のことから、よ。
意識して自分に優しくありなさいね。

自分の心がささくれだっているときに相手に優しくできる人間はそうはいないわ。

残念だけど人間は聖人君子じゃない。**他人に優しくするには自分の心に余裕が必要**なのよ。相手に対していつもの自分が出せない、自分の思うように相手に接することができない。そんなときは、心に余裕のない自分の気持ちが相手に映し出されているのよね。

自分を責める前に、心の余裕を取り戻すためにもまずは落ち着くこと。

その次に、なぜ今自分の心には余裕がないのかを書き出してみるといいわ。きっと日々に追われている出来事が続々と書き出されるんじゃないかしら。

さらに解決できること、対策を講じることができることがあれば、一つずつその方法を書き出してみなさい。

自分が抱えているもの、その対策法を頭の外に抜き出せたのなら、アンタの心には余裕ができるはず。

そうしたら自然と他人にも優しくできるわよ。

column

ちょっとだけ大事なこと言うわよ

人生を幸せに生きられるのはパソコンを長持ちさせられる人

人間の脳や体ってパソコンと似ているところがあるなあ、って思うのよね。パソコンを整理せずに情報を入れ続けていくと、データ量がどんどんハードディスクを圧迫してパソコンの動きを悪くさせてしまうわよね。休ませずに使い続ければ熱を持って寿命を縮めてしまうし、規定通りの終了方法をとらずに強制的にシャットダウンさせるようなことを続ければ故障の原因になる。

これって人間も全く同じなのよね。

人間はスマホやパソコンよりもずっと精密にできているものよ。自分のパソコンを大切に扱えない人が自分自身を大切に扱えるとは思えないのよね。

「使い倒して古くなったら替えればいいじゃないか。」確かに機械ならそれでいいかもしれない。でも自分自身にはそうはいかないわよね。

毎日の忙しさに自分の健康状態なんて気を使っている余裕なんてとてもない。考えなくてはいけないことだらけで一つの物事が解決しても次には無限にこなさなくてはいけない案件が控えている。夜は明け方まで仕事に追われて気絶するように眠ることを繰り返す。睡眠時間はせいぜい4時間、それでも寝ないよりはマシ……アンタはこんな生活になっていない？

これじゃ**パソコンより先にアンタの体と心が壊れる**わよ。

自分自身の健康管理は、自分自身が扱っているものにそのまま性格として投影されるものよ。

昔ね、「携帯電話を粗末に扱って、新機種が出るとすぐに機種変更をする男は信用できない、自分もそういう扱いされそう」って言っている知り合いがいたのよね。これって言い得て妙だな、と思うわ。

もしもアンタがパートナーとしてある人のことを「いいな」と思ったときは、その人が使っているものを丁寧に使っているのかこっそり確認してごらん。自分をどう扱ってくれるかを見定める一つの指標にしてみるといいわよ。
もし自分の体を粗末に扱っている自覚があるなら、まずはしっかりと生活リズムを調整してゆっくり休むこと。その上で、アンタの使っているものにも同じように愛着を持って大切に接してあげなさい。

自分にも他人にも、持ち物にも優しい毎日を過ごしなさいね。

第5章

人生のために仕事できてる？

いじわるな臆病者
にひるむんじゃない
わよ！

注意すべきは理不尽なマウンティング野郎じゃないのよ

わかりやすく精神的にマウント取ろうとしてくる奴ってね、「自分がマウントを取られたらどうしよう」って常にビビってんのよ。そ。小心者なの。全然怖くないのよ。

本当に怖いのは、「この人なら何しても怒らない」って思っちゃうくらい誰にでも優しくて余裕のある人なのよ。

覚えとくといいわ。

心に余裕のない人はいつでもカリカリしているものなの。自分の能力の低さを認識できていないから、明らかに自分にも他人にも無茶な仕事を押しつけて「なんでできないんだ！」って騒ぎ立てるのよ。

こんな相手への対応は冷静にしてみるといいわよ。できることとできないことを**自己分析して相手に伝えればいい**の。

相手の理不尽な勢いに飲み込まれたらダメ。大声で騒ぎ立てたりプレッシャーをかけてくるのは不安で小心者の証拠。毅然と対応しなさいね。

アンタが本当に信頼しつつ注意しないといけないのは、**いつも冷静で怒りもせずに笑顔でいる、その環境の状況を一番把握している人**よ。

その人と一緒にいる時間を増やすこと、そしてその人を絶対に敵に回さないこと。

そんなに心配することはないわ、その人とは冷静な話し合いができるから。

ただ、いつも笑顔だからってわがままを言ったり無茶なこと言っても怒らないだろう、とたかをくるととんでもないことになるかも。覚えておくといいわよ。

弱いところはどんどん見せていけばいいの

「なめられたくないから弱いところを見せたくない」って気張るのは勝手。
でも自分が強いなんて思ったらダメよ。
もし「誰かに助けてほしい」って少しでも思っているなら、
弱いところをしっかり出すのよ。
いつも誰も助けてくれない？　それは違うわ。
歯を食いしばって助けを求めようとしないアンタに声をかけづらいだけよ。

「人間的な魅力を持っている人はどんな人？」と聞かれたらアタシは迷わず「自分の弱いところを周りに話せる人」って答えるわ。

弱いところを見せずに強がってばかりいる人には、残念ながら魅力は感じないの。いつも周囲に人が集まる人は決して完全無欠なんかではなくて、人間クサさ全開で人懐っこい人の方が多いのよ。

人は相手が自分に弱みを見せたときに「信じられている」と感じるもの。それはそうよね、警戒している人に弱みを見せようっていう人はなかなかいないでしょ。

反対に、常に強がって自分の弱さを見せない人に対しては「信用されていない」「警戒されている」って思ってしまうのよ。

もしもアンタが「弱いところを見せたら人は離れていくに違いない」とか「自分はこんなに頑張っているのに周りに人が集まってこない」なんて思っているのであれば、それは間違いよ。まずは自分の弱いところ、ダメなところをしっかりと出してごらんなさい。

そんなアンタの正直な人間クサさに惹かれて助けてくれる人は必ず現れるわ。**弱さを見せるっていうことは「貴方を信じている」という思いを示す行為**でもあるのよ。

理不尽な人間には相応の未来が待っているのよ

明らかにできないことを押しつけてくる奴に対して、
「酷い」とか「怖い」なんて思うんじゃないわよ。
「適材適所の『て』の字も知らない能なしなんだ」って思えばいいの。
周囲から価値を下げられてんのはアンタじゃなくてむしろソイツなのよ。
弱い立場に理不尽なことをする人間に、明るい未来はないから安心なさい。

自分のことを偉いと思っている人間ほど、理不尽な要求を「正当な権利」と勘違いして投げてくるものよ。

理不尽な要求を突きつけられている人を見て、その人のことを「無能だな」って思うことってないでしょ？　むしろ突きつけている人間を「酷いな」「なんであんなことをするんだろう」って思うことの方が多いわよね。

つまり、**自分の無能さをさらけ出しているだけ**なのよね。酷いことを言ったりやったりする人間はおかしな優越感を抱いているかもしれないけど、それはとんでもないリスクを抱えた愚かな行為なのよ。

だから**アンタが傷ついたり凹んだりする必要は全くない**わ。勝手に社会的に自滅の道を突き進んでいくソイツを見ながら「ご愁傷様です」って心のなかで言ってあげたらいいのよ。

そういう人間と相対したら「最高の反面教師が現れた！」ってむしろ喜んでいいと思うわよ。

その人と真逆のことをすれば自分にとってプラスの人間関係を作れる良いお手本なんだもの。

率先して間違った人生を進んでくれる理不尽人間に感謝したらいいわ。

悪い習慣は自分のところで断ち切るのよ

「昔先輩にイジメみたいな指導をされた。」

そんなアンタが後輩に同じことしてどうするのよ。

イヤなことをされたなら、その真逆のことを下の子にしてあげなさい。

パワハラまがいの「しきたり」やら「慣習」やら、

くだらなさすぎて奥歯が抜けそうよ。

先輩だろうが後輩だろうが、

他人のこと虐(いじ)めてもいい権利なんて誰にもないのよ。

世の中のあちこちで「悪しき慣習」っていうのは残ってるわよね。

人間には「現状維持バイアス」っていう厄介な心理があるの。簡単に言うと「今のやりかたが非効率だろうとなんだろうと、変えるよりも楽だと感じてしまう」心理のこと。

保守的で変化を嫌う日本社会には本当にこれが多く見られるわ。**変化を嫌う心理は発展を阻んでしまうだけではなく、理解できないようなひどい慣習をそのまま放置、継続させることに繋がる**のよ。

「先輩から受け継いだ」「これがしきたりだから」、こんな言葉でイジメまがいの慣習がふんぞり返っているのは冷静に考えて異常よ。

おかしいものにはきちんとおかしい、と思う気持ちを失わないこと。そしてそれをきちんとおかしい、と口に出して変革させる必要性を説くこと。そして**自分のところでその悪しき慣習を断ち切る勇気を持つ**こと。

たかだか数年早く生まれたり、少しだけ長いキャリアがあるというだけで、目下の人間に必要のない負担を強いることを正当化していいわけないわよね。

「自己責任」こそが自由な人生を作る

どんなことがあっても人のせいにするんじゃないわよ。
人のせいにするというのは、自分でできることを放棄することになるのよ。
全部自己責任、って思ってやってごらんなさい。むしろ気が楽になるわよ。
どれだけ何かのせいにしても、
結局前に進むのはアンタ自身の力なのよ。

誰かのせいにする、自分の責任をできるだけとらない。これって確かに楽なのよね。

でもね、これは**自分ですべき選択権を他者に委ねている**、っていうことになるのよ。楽だけれど、そこに自分の意思を反映させることが極めて難しくなるわ。

アンタがそれでいいと思うのであれば構わないけれど、人生がつまらなくなるわよ。

自分が行う行動について、**すべての選択を自己責任にしてごらんなさい。**

自分で全責任を負う、って一見すると面倒くさそうだし、厄介なように思えるわよね。

でもね、**自己責任というのは言い換えれば「自分の責任においてすべて自由」**っていうことでもあるのよ。

そこには他者の意見は入り込まないし、自分の思う通りにやれる上に、たとえ失敗をしたとしてもすべて自分の管理下で行っていることだから次にどうすればいいか考えるのも難しくないの。

もしアンタが知らず知らずのうちに誰かのせいにしてしまうことに慣れていて、そこに漠然とした不自由さを感じているのなら自己責任を試してごらん。

きっとアンタの世界が目に見えて広がるはずよ。

弱い犬ほどよく吠える

わけもわからず他人に噛みつかれて凹んでない？
きっと攻撃属性の奴に襲われたのね、お疲れ様。
でもそんな輩（やから）に凹む必要なんてないわよ。
アイツらはただ「こっち見て！　僕を見てよ！」って叫んでるだけ。
いい年して伝え方が破壊的に下手くそ、赤ん坊以下なのよ。
「怖い」じゃなくて、「可哀想」って思ったらいいわ。

いつも誰かに噛みついている人間って冷静に見ると「極端にアピールが下手な人間」ってことなのよね。

国会中継とか見るといるでしょ？　批判のための批判しかしてない政治家。あれと同じなのよ。みんなに注目してほしいけど自分の力で人を振り向かせることができないから、結果として吠え続けて注意を引くことしかできてないわけ。

でもその渦中にいると、恐怖やプレッシャーでなかなかそうは思えなくなるわよね。

そんなときはね、大きく一回深呼吸して気持ちを落ち着かせてごらん、そして**一歩後ろに下がって俯瞰（ふかん）的に状況を見るイメージを持ってみる**といいわよ。

そうすると何だか吠えてる輩が滑稽だったり、可哀想に思えてくるはず。

余裕が出てきたらその輩の言っている言葉をよく聞いてごらん、きっと内容のなさに愕然とするわよ。

内容のある言葉で相手と向き合う人間の言葉には無駄な圧力なんてないし、静かに話したとしてもきちんと心に深く刺さるものよ。

人の振り見て我が振り直せ。アンタ自身もそんな言葉を紡げたら素敵ね。

思い込みが憂鬱な気分を作るのよ

月曜日だから気分が憂鬱、会社になんて行きたくないって思ってる？
それ、とんだ勘違いよ。
パジャマの袖引きちぎって無理やりタンクトップにするわよ。
どの曜日だって同じ1日なの。良いこともあれば悪いこともあるわ。
だからその1日に起こった良いことにだけ目を向ければいいのよ。

「ブルーマンデー」っていう言葉があるわよね。実は科学的根拠は全くないって言われているわ。アタシもそう思う。

でもなぜか人は月曜日の朝になると気分が鬱々として会社に行きたくない、と感じる人が多いわよね。何を隠そうアタシも昔、そんな風に感じていた時代があるの。

でも今はそんなことカケラも思わないのよね。

アタシが実践したのは**「休日だからといって自分のペースを崩しすぎない」**ってこと。

休日にのんびりするのは全く悪くないけど、朝まで夜更ししたり夕方まで寝続けたり、大量のお酒を飲んだり、体に悪いことをやめてみたのよ。そうしたら心と体に余裕が出てきて、面白いくらい月曜日の憂鬱がなくなったわ。

月曜日も日曜日も同じ「一日」であることに変わりはないのよ。

それを憂鬱と思い込むのは、**リズムを狂わされて負荷を受けた心と体が「月曜日は憂鬱でつらい」という思い込みを作ってしまっている**せいなの。

会社が嫌で嫌で仕方ないなら話は別だけど、そうでないならまず何よりリズムを崩さない健康的な毎日を過ごしてごらん。きっと曜日の差なんてなくなるわよ。

最初が肝心！「虐(いじ)めてもいいヤツ」になったらダメよ

どう考えても理不尽な要求には相手に「できない」って言いなさい。
その場しのぎで安請け合いするとアンタの評価は落ちるわよ。
できない理由と「ここまでならできる」ことを伝えなさい。
それでもグダグダ言ってくる相手はダンゴムシ以下と思えばいいわ。

世の中には、陰湿かつ狡猾に自分の生きている環境の中で「虐めてもいいヤツ」を探している人間が少なからずいるのよ。そんな輩（やから）にアンタが認識されたら、毎日が面倒になること間違いなし。

認識されないためにはどうすればいいかって？ すごく簡単なことよ。**最初に「できないことはできない」ってしっかりと伝えること**。たったこれだけ。

「虐めてもいいヤツ」っていうのは「自分の理不尽に抗（あらが）わない人間」ってこと。

だから「それは無理です。おかしいでしょ」ってことを勇気を振り絞って言うの。それを最初にできたらアンタはそのスタンスを維持すればいいだけ。

覚えておきなさい。大前提として理不尽な物言いでイジメみたいなことをするヤツが悪いに決まってるのよ。アンタがそれに屈しなくてはいけない理由は一つもないの。

でも奴らはそれをライフワークにしている、常に人間社会に主従関係を持ち込もうとしている人種なの。だから最初が肝心、**アンタの認識を「面倒臭いやつ」にさせる**のよ。

振り込め詐欺や学生の虐めも同じこと。一度受け入れてしまったらエスカレートする一方なのよ。たった一度だけでいいから、**正面から抗う勇気を持ちなさい。**

プレッシャーは弱者の証明

「なんで言うこと聞かないんだ！」
って部下を怒鳴りつけてるオジさんをたまに見るわ。
どう考えてもその部下は
「部下を公衆の面前で怒鳴りつけるような非常識なオジサンに納得できない」
だけだと思うのよね。
強い言葉をかけるだけで相手を服従させせようなんて、
サル山のボス猿みたいな発想の上司を持つのはただの不幸よね。

相手からの理不尽な要求や、意味のわからないプレッシャーに無理やり巻き込まれたときに、パニックになってしまうのは相手の思うつぼ。

そんなときこそ、まずは表情を「スンッ」って消しなさい。

それができたら、今度は表情と一緒に心も冷たくするの。冷静になるために心が凍りついていくようなイメージをするといいわよ。

準備ができたら改めて相手と向き合ってごらん。

皆の前で自分を怒鳴りつけるとか、理不尽な圧力で言うことをきかそうとか、とても頭の悪いことをしている人間が目の前にいるはずよ。

でももうアンタの頭の中は氷のように冷たくなっているはず。その冷静な心で状況をつかみながら、冷静に反応してごらん。

相手は激怒すると思うわ。でも、それこそが今度はアンタの思うツボなのよ。

アンタの冷静な行動に対して暴言や暴力でもし相手が訴えてくるのであれば、アンタはそれにあくまでも冷静に、毅然と向き合えばいいのよ。

最後は**冷静な思考を持つ者が勝つ**。これを忘れないでね。

寝る前に考えたらダメよ

夜、ベッドに持ち込んでいいのは
「寝たい」と気持ちと湯たんぽくらいでいいの。
余計な考えごとだの今日のイヤな出来事だのは
ベッドに入る前にお風呂で流しておいで。
睡眠は今日のイヤなことを削ぎ落として
純粋に明日を思いっきり楽しむために必須なの。
よく寝てリセットして、また明日頑張ればいいのよ。

夜になると「今日の反省会」を始めてしまう人って少なくないわよね。どうしてもやりたいならちょっと時間を早めておくといいわよ。そうね、少なくとも寝る二時間前にはすませておく方がいいわね。

寝しなに頭を使うと神経が興奮してしまうから、睡眠の質はどうしても落ちてしまうの。これはたとえ楽しいことや嬉しいことであっても同じよ。「遠足前日にワクワクして全然眠れなかった」なんて話、よく聞くでしょ？　アンタ自身にも経験あるかもしれないわね。

「考えごと」は良いことでも悪いことでも夜にはしないこと。これを心がけつつ、スマホやパソコンも寝しなには控えておくこと。

寝る前には短時間の瞑想をしてみたり、軽いストレッチをしてみたり、好きな音楽や本を読んでみるのがおすすめ。部屋は少しずつ暗くしておくとなおいいわね。

ちなみに夜の飲食も同じように二時間くらい前までにすませること。食べてすぐに寝ようとするとこれもまた睡眠の質を落としてしまうのよ。特にお酒を飲んでお酒の力で寝る、っていうのは一番良くないわ。

ベッドに持ち込むものは「早く寝よう」っていう気持ちだけにしなさいね。

挨拶と配慮は最低条件

めちゃくちゃ忙しいときにアポ無しで連絡してきて
「本当に忙しいところごめんなさい！」って連呼するくせに、
要件は絶対に通そうとする輩がたまにいるわね。
二本指で華麗にメガネぶち抜きたくなるわ。
申し訳なさそうにしたり殊勝にすれば
相手の都合やルールを無視して許されるなんて思ったら大間違いよ。

一緒に仕事をする相手として、アタシが絶対の条件にしていることがあるの。まずひとつ目は**きちんと挨拶ができる人**。そしてもうひとつは**他人の状況を慮れる人**よ。

挨拶ができない人は仕事を一緒にしていても相手の機微にうとかったり、自分の我を通そうとする人が多いもの。一緒に仕事をするなら注意が必要ね。

ちなみにチーム全体の団結を上げたいのであれば、チーム内での挨拶を徹底させることを提案してみるといいわよ。

そして同じくらい大切な「相手の状況を慮る」という行為だけど、これもできない人が驚くほど多いわよね。でもそんなに難しいことじゃないのよ。

例えば「いきなり電話をかけたりしない」っていう程度でいいの。もちろん緊急性が高い場合は仕方ないけど、そうでないなら今の御時世メールという便利なものがあるじゃない。まずはメールを投げておいて、相手の都合のいいタイミングで返信してもらえばいいでしょ？

時間は有限。お互いに気持ちよく仕事したいのなら、どちらも大切なことよ。

すべての経験は血肉になるのよ

仕事を辞めるときにかけた時間や労力を「無駄だった」って思うの、やめなさいね。
アンタがかけた時間と労力はきちんとアンタの血肉になってるわよ。
それをどう次に活かすかってことが大切なだけ。
人生に無駄なんて一つもないのよ。

「ロールプレイングゲーム」ってあるじゃない？　勇者が魔王を倒す、みたいなゲーム。あいうゲームを一度も勇者が死なないでクリアすることってほとんど不可能よね。必ず挫折を味わって、それでも諦めずに何度も何度も失敗して、最後には魔王を倒す。

スタートしたばかりの勇者が魔王に挑んでも１００％敵わないわよね？　でも最終的に魔王を倒せるのは、**失敗し続けてもそれがすべて経験値として蓄積されてレベルが上がったから、**なのよね。

もともと人生を疑似体験するのがロールプレイングゲームなんだから、本当の人生でも全く同じことが言えるのよね。

どれだけ失敗を繰り返そうがそれらは一つも無駄にはなっていないのよ。それらはすべて経験値となってアンタのレベルを上げているはずよ。アンタの人生の目標は魔王を倒すことでも、奪われたお姫様を奪い返すことでもないと思うけど、それでもアンタの人生の目標に向けてその経験は確実に役立つはず。

大切なのは、**自分の失敗で経験値がたまっていることを認識するのと、それをどう活かすか。**

勇者なんかじゃなくてもいいの、**アンタはアンタの人生の主人公**なのよ。

他人との競争も結局自分との戦いなのよ

ライバルにどうしても勝てないからって
相手を妬(ねた)んだり貶(おとし)めようとするのはやめなさい。
同レベルのライバル相手に同じもので競うのは愚の骨頂よ。
それよりもライバルにないものを全力で探しなさい。
そしてそれを活かすことを考えなさい。
いつだって最大のライバルは他人じゃなくてアンタ自身なのよ。

明確に戦う相手がアンタにいるとして、アンタはどうやってその相手に立ち向かう？相手のことを出し抜こうとか、相手の失敗を誘おうとか万が一思ったなら、アンタはその時点で勝ち目を自分から放棄しているのと同じよ。

アンタが手強い相手に勝つためには、いつでもまず何より**アンタ自身に勝つ必要がある**の。相手のことだけを見て戦う人間には、その戦いが終わってもまた次の相手が出てくるだけ。

残念ながら**相手ありきの人生では、アンタが本当の意味で満たされることはない**のよ。なぜなら上には上がいるから。相手を羨み妬んで屈服させても、さらに羨む相手が現れるだけ。それってとても虚(むな)しいことだと思わない？

でも、**アンタが「今日のアンタ」に勝つことができれば人生は昨日よりも充実する**わよ。「自分自身に勝つ」っていうのは自分自身の幸福に直結することだから。誰かと争うことになってもアンタは常に自分と戦っている、という意識を持てばいいの。

他人だけを見ながら勝ち負けを決めるのは虚しいだけよ。

column

ちょっとだけ大事なこと言うわよ

壊れるのは一瞬。歯を食いしばるのはやめなさい

タイトルには「壊れるのは一瞬」って書いたけれど、体や心はある日いきなり壊れるわけじゃないわ。必ずその前にさまざまなサインを出しているの。例えば食欲がなくなったり、急に夜に眠れなくなったり、動悸が起きたり、呼吸がうまくできなくなったり、いつも楽しいと思えていたことに関心を持てなくなってしまったり、「消えてしまいたい」なんて考えがふと頭をよぎったり……。

アンタはどう？　心当たりはない？

これらは着々と体と心に「**負の貯金**」が増えていることを教えてくれているのよ。

でも忙しい日々の中でそんなサインが出ていたとしても、休んでいるヒマなんてないって体と頭を動かし続けているわよね。

アタシのところにはさ、そういうサインを無視し続けた結果、壊れてしまった人がたくさん集まってきているのよ。

でね、みんな口を揃えてこう言うわ。「あのときに無理をしないでおけばよかった」って。

でもね、後悔は先に立たず。残念だけど過去に戻ることはできないのよ。**一度壊れた心や体を以前の元気な状態に戻そうとすると莫大な時間と労力が必要**になるし、ひょっとすると元通りにはならないかもしれない。**「まだ頑張れる」と思って歯を食いしばるのは絶対にやめなさい。**

いつまでも元気に、自分のしたいことをこなしていきたいと願うなら、適度に気を抜いて、上司に何を言われようと自己管理のために定期的な休みや息抜きを入れること。

自分の管理をきちんとしようとしているアンタに嫌味を言ってくる上司は、アンタが無理をした結果壊れてしまったとしても何の責任もとってくれないわよ。

働いている企業や店舗だって、いつまでも壊れたアンタに手を差し伸べてくれるとは限らない。シビアな言い方かもしれないけど**自分の身は自分で守らないといけない**のよ。

「自分がいないと職場は回らない」なんていうのはただの幻想に過ぎないわ。

嘘だと思うのなら一カ月くらい仕事を休んでみたらいいわ。断言するけど、職場はアンタなしでもそれなりに問題なく回るはずよ。

自分が必要とされている、と思いたい気持ちはよくわかるけど、それがアンタのオーバーワークを生み出す元凶になっているとしたら、それはただの自意識過剰の弊害でしかないわ。

どんなに頑丈なものでも負荷をかけ続ければ壊れてしまうのよ。

反対に古くなってもきちんと手入れをし続けていれば、心と体は長く元気でいられるわ。

第6章

夫婦は
あくまでも近しい他人

都合のいいプライスレスに負けたらダメよ

アンタが家事を専業にしていたとして、
連れが「休日くらい休ませてくれよ、普段働いてるんだから」
って言っているなら、アンタも時給換算でお金もらうといいわよ。
外で働くことだけが労働だなんて思わせちゃダメ。

給与の発生しない大切な家事ってたくさんあるわよね。

そもそも**主婦の仕事は給与がないっていうのがおかしい**のよね。だから「俺が食わせてやってるんだ」みたいな言葉が相手から飛び出すんだと思うのよ。

一度アンタがやっている家事をストライキしてみたらいいわ。家の仕事が全部ストップすれば、アンタの仕事の価値を理解するはずよ。

もしくはアンタの仕事をすべて時給制にしたらいいわ。アンタの仕事の価値をきちんと給与という形にして、相手の稼いできた給料から天引きしてごらん。アンタのパートナーが数字でしか物事を判断できないのなら、そういう形にしてみるのが一番いいと思うわよ。

「家事なんて誰にでもできる仕事だ」「俺の仕事と代わってほしいよ」なんて口走るようならしめたものよ。「一日体験主婦」をやらせてみたらいいわ。

知らないことはどうにでも言えるものよ。お互いの苦労を体感してはじめて、お互いの事情を理解できることは多いわ。

勝手にプライスレスにしないで、お互いのしていることを理解し合う努力を忘れないでね。

つらいときは思いっきり泣くの

大切な家族の不幸とか、
どうしようもないくらい落ち込むときなんて誰にでもあるわ。
そんなとき、他人に迷惑かけてるとか思うんじゃないわよ。
徹底的に泣いて故人を弔う（とむらう）の。手加減なんてすんじゃないわよ。
その代わり、あとで同じようになってる人を見つけたら
徹底的にサポートしてあげなさいね。
世の中はお互い様、持ちつ持たれつなのよ。

自分ではどうやっても抗えない運命や誰かの悲しい出来事に遭遇することは、生きている限り避けられないもの。

そんなときに気持ちを無理に押し込めようとすると、どんどんつらくなるわよ。

泣くって行為は、気持ちの整理とリラックスを同時にしてくれるとても大事なもの。だからしっかりと泣くことが何よりも早く回復する方法になるの。

泣くことが恥ずかしい、格好悪い、なんて絶対に思ったらダメ。

気丈に振る舞いながら泣くことを我慢している人を見かけたら、「泣いてもいいんですよ」って声をかけてあげてね。泣くことの意味を伝えてあげればきっと泣いてくれるはずよ。正しい知識は自分だけで持っているより、他人と共有したり他人のために使うことで良い形で広がっていくものよ。

そして大切なのは知識だけじゃなく**気持ちも共有する**こと。**相手を思いやり、理解してその人の必要としている知識を与えて**あげて。きっとそれはアンタ自身も誰かにされたことがあるはず。人間なんて弱いものよ。

常に支え合って生きていることを忘れないで。

他人の好意は全力で受け入れること、遠慮する方が失礼よ

誰かに「羽伸ばしてらっしゃい」って言われたら
変な遠慮してんじゃないわよ。
もらった恩はきっちり別の日に返せばいいのよ。
アンタが気にして中途半端に時間使ったら、
せっかくの好意を無駄にすることになるのよ。
全力で感謝して、作ってくれた時間を全力で楽しみなさいね。

日本人って人の好意に対して遠慮しがちよね。

「そんなことをしてもらったら悪い」とか「逆に気を使ってしまう」なんて思う人が多いけど、これは間違いよ。

好意はしっかりと受け取って、そこでいただいた時間はしっかりと楽しんだり有意義に使うこと。そうしないと逆に失礼に当たるわよ。

自分が相手に好意で提案した、と考えてみて。

アンタの与えた好意を相手が遠慮して使わなかったり、せっかくの好意を中途半端に終わらせて返してきたりしたらどう？　あまりいい気持ちはしないんじゃないかしら。

遠慮っていう行為を美徳みたいに捉えがちな人が多いけど、遠慮っていう字は「遠く慮る」って書くのよね。**遠慮をするとその人の気持ちを遠ざける**、っていうことになりやすいの。

だから遠慮なんてしないでもらった好意をきっちりと使った上で、次は**アンタが同じことを相手にお返しすればいい**だけの話。

持ちつ持たれつの関係性が結局うまくいくの。相手の顔色見て遠慮してたらいつまで経ってもいい関係性にはなれないのよ。

隣の芝生は青く見えるものよ

世の中にはいろんな夫婦がいるわよね。
経済力も家族構成も何もかも違うのは当たり前。
頭ではわかっちゃいるけど、
「あの家みたいにお金があれば」「もっと子どもがいれば」なんて、
時に自分たち以外の夫婦を妬ましく思うことってあると思うわ。
でもね、隣の芝生はいつだって青く見えるもの。
自分たちにないものが本当に良いものかなんてわからないのよ。

そもそも、人間は**自分の持っていないものを良いものとして認識する習性のある生き物**なの。だから自分にないものを見ると羨んだり妬んだりしてしまうのよね。お金が欲しいとか地位や名誉が欲しい。思うことはいくらでもあるわよね。

でもね、逆に持っている人は持っていない人を羨んだりしているものなのよ。持っている人には持っている人にしかわからない悩みがあるものなの。子どもがいる人は常に育児に関わる悩みを持っているし、お金のある人はそれを維持するための資産管理の方法に悩んだり、地位や名誉には面倒臭いしがらみがついて回るものよ。

大切なのは「**今自分が持っているものでどうやって幸せになるかを考える**」っていうこと。ものの有無で決めるのではなく、今あるものをどうやって活用していくかを考えるようにすれば、他人を妬んだりすることは驚くほどなくなるわ。

あればあるなりの、なければないなりの良さが必ずあるものなのよ。

人を羨んだり妬んだりするエネルギーを、**今の自分の持っているものを輝かせるために振り分けて**ごらんなさい。今よりずっと楽しい毎日になるはずよ。

自分の時間のない人生はとんでもないハードモードに突入するわよ

「自分だけの時間が全くない！」

って人は注意なさい、放置するとメンタル腐るわよ。

自分の時間は「メンタルというお花」に水をやる時間と思って、

死に物狂いで手に入れなさい。

「自分は他人のためだけに生きてます」じゃ心はもたないわよ。

自分と他人に優しくありたいなら、

1日5分でもいいからきっちり確保なさいね。

信じられないくらい忙しそうに見えるのに、いつも楽しく元気に過ごしている人っているわよね。確かにタイムマネジメントが上手、とか仕事をこなす能力値が高い、というのはあると思う。

でもね、実は何よりそういう人は**自分の時間を確保できているのよ。**

毎日忙しくて、帰宅したあと何もできずにバタンキューじゃどうしたってフラストレーションがたまりがちになってしまうのよ。

「自分は何のために生きているんだろう」って思ったりしたら危険信号よ。

ほんの少しでも自分の好きに使える時間を持っていると違うわ。**自分の自由意志が介在できているという**気持ちがあれば、少なくともそんな根源的な悩みは起きにくくなるから。

自分の時間を確保して、自分の好きなことを毎日短時間でもいいからやってみること。

心と体を休めるのは睡眠だけじゃなくてこういう時間なのよ。その時間をどう使おうとアンタの自由。音楽を聴くでもゲームをするでも本を読むでも歌を歌うでもなんでもいいの。

誰にも邪魔されずに好きなことをやって**自分を解放してあげなさい。**でないと**人生は強制的にハードモードに突入**しちゃうわよ。

どう過ごしても時間は時間、自分の時間を大切に使う意識を持ちなさい

土曜日に子どもや亭主が起きてこないとかでイラついてんじゃないわよ。起きてこないのは自己責任、朝ご飯とか自分でやらせなさい。アンタがご飯の準備しなきゃいけない法律なんてどこにもないのよ。むしろ家族が起きてこないその時間を満喫すればいいの。イライラする時間をゆとりの時間に変えんの。そしたら楽しくなるわよ。いいわね?

休日の朝、「片付かないからさっさと食べてよ！」ってイライラして怒鳴ったりした経験ない？　気持ちわかるわ。

でもね、**アンタがそこでイライラするのはもったいない**わよ。片付けなんていつまでも寝呆けている家族にやらせればいいだけ。

その時間は**アンタの自由な時間**だと思えば、むしろ「ごゆっくり」って気持ちになるはず。イラついている時間も、楽しく好きなことをしている時間も同じ「時間」なのよ。アンタの貴重な時間は有意義に使いなさいね。

どうしても時間を有効に使えずいつもイライラしちゃうっていうときは、「**空いた時間にしたいこと一覧**」**を作っておく**といいわよ。前もって「これをやろう」って決めておくと時間ができたときに焦らずにすむわ。

時間は追い立てられるものじゃなく、楽しく使うもの。

そういう意識を常に持っておきなさい、そうしたらちょっとしたスキマ時間ができたときにワクワクするようになるわよ。

自分のすべきことをしたらあとはアンタの自由な時間、これでいいのよ。

気持ちは時代や社会の変化で移ろうもの

「想い合っていた二人がいつの間にか傷つけ合っていた」

残念だけどよくあることよ。

これはね、それまでの当たり前が当たり前じゃなくなっただけなの。

例えば、幸せな人生観は20年と今で変化しているわよね？

人の心も時間と社会の変化によって変わるものよ。

諦めてしまう前に少し距離を置いて、

今の二人には何が必要なのかを考えてごらんなさいね。

ものすごいスピードで変化していく現在の社会。マスク、リモートワーク、テイクアウトなんかも、新型コロナウイルスが現れる前には考えられなかったような常識よね。

こうした社会の変化の中で、次第に**相手に対する思いや向き合い方に変化が生じる**ことは十分起こりうるものよ。たとえ同じ場所で同じ人と暮らしていたとしてもね。年齢や収入によっても男女の価値観も移り変わるし、不変のものなんてないわ。

相手のため、と思ってやっていたことがいつの間にか相手にとっては苦痛に変わっていることもあるし、かつて喜んで受け入れていたものが今は煩わしいものになっていることだってあるの。それは本人にしかわからないのよ。

だからこそ一緒にいるのであれば、**定期的に気持ちの変化をすり合わせる**ことが大切。

どういう気持ちで相手を見ているか、どういうことをしてほしいのか、してほしくないのか、そういう**正直な気持ちを言い合える関係を続けていく**ことが大事よ。

避けられない気持ちの変化を悲しんだり寂しがるよりも、**どうやって柔軟にお互いを対応させていくか。**一緒にいるっていうのはそういうことを要求されるものなのよ。

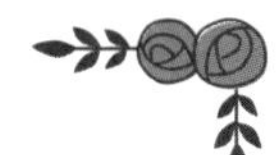

心のわだかまりには「さよなら」なさい

「心のわだかまり」はある？

つらい恋愛や忘れたい結婚生活は、生きてればあるわよね。
それ、整理しないと身動き取れなくなるわよ。
やり方なんて簡単よ。
まず、よく寝ること。これは必須。
あとは忘れたいものから目を逸らさず向き合って
「さよなら」って声に出して捨て去るイメージをしてごらんなさい。

いつまでもつらい恋愛の記憶やうまくいかなかった結婚生活のことを引きずってしまう、という人は決して少なくないわ。それはね、**心の片付けがうまくいっていないのよ。**

「またいつか使うかもしれない」っていう思いで捨てられないものはどんどんたまっていくわよね。これは心も同じなのよ。

「ひょっとしたらまたやり直せるかもしれない」「あのときこうしておけば」って、心のどこかに捨てられない気持ちを残したままだと、いつまでもその記憶に苦しむことになるわ。

少しだけ勇気を出して心の整理をすること。

「またいつか」を心の中に残しておくことで、結果として次に踏み出すことができなくなってしまうのが嫌ならそうしなさい。

大切なのは**自分の気持ちをあやふやにしないこと。**気持ちが残っていても、まずは一度きちんと自分の気持ちに向き合って、**その気持ちを意識の中で燃えないゴミの日に出しなさい。**

もしも縁があったとしたら新しい気持ちでまた向き合えばいいのよ。

心をいっぱいにしないこと、忘れたらダメよ。

column

ちょっとだけ大事なこと言うわよ

迷ったときには直感を信じてもいいのよ

アンタは「直感」を信じる？「直感なんて信じないよ！」って人もいるわよね。根拠がないとか、そんな勘みたいなものを信用するなんて危険だって考える人は多いんじゃないかしら。

でもね、実は**直感はアンタが思っているよりもずっと信用に値する**ものなのよ。

直感は「**過去の経験や積み重ねが無意識に出てくるもの**」と言われているわ。例えば何かを決めなくてはいけないタイミングで、多くの関連情報を全部吟味していると総合的に何が良いのかわからなくなってしまいがちよね。そんなときには直感を当てにするのもありよ。

何かに執着しているときは注意

ただ、もちろん直感も万能ではないから気をつけなくちゃいけないけどね。

特に、ある人物や物事に自分の感情が強く執着したりしている場合は直感力が鈍るから、第三者の目線で冷静に物事を見極める時間が必要になるわ。

経験が直感力を高める

「直感は自分の経験の積み重ねで瞬時に判断されるもの」ということは、その直感力を高めたいのであればたくさんの人生経験を積むのが大切よね。

瞬間的に導き出される直感はいざ、というときに使うように心がけて、ゆっくり時間が取れるときには情報を分析しながら経験をためていくという風に、使い分けるといいわよ。

おわりに

ここまでいろいろと言いたいこと言ってきたけど、アンタの心のどこかにチクリと刺さる言葉が一つでもあったら嬉しいわ。

でもね、心に響く言葉に出会ったときはそれを受け入れるだけで終わってはダメよ。その言葉を胸にきちんとその言葉のとおりに「動く」ことが大切なの。

「言霊」っていう言葉があるけど、古代の日本人は言葉に霊が宿るって信じていて、自ら発する言葉や自分が受け入れる言葉に何らかの力があると考えていたのよね。アタシもこれは間違っていないと思うの。

言葉には人をプラスの方向にも、マイナスの方向にも動かす力があるわ。

現代の世の中にはネガティブな情報が溢れてるわよね。他人を妬む負の感情が誹謗中傷を生んだり、氾濫する情報が余計な不安を煽(あお)ることも少なくないわ。

これらはすべて人をマイナスの方向に動かす力に変わっていってしまうの。

だからこそ、もしアンタが自分の人生においてプラスの方向に進めるような言葉と出会えたなら、その言葉にしっかりと背中を押してもらいなさい。

人生を歩いていくためには必ず「動力」が必要になるの。

ネガティブな言葉に引っ張られてしまうのか、それともポジティブな言葉に背中を押してもらうのか、それを決めるのはほかでもないアンタ自身よ。ネガティブな言葉に引っ張られそうになったらさっさと寝てしまう、あるいは自分の好きなことで思いっきり発散してしまうこと。そうやってうまいことバランスを取っていけば人生なんてちょろいものよ。

人間はさ、どうやったって最後は土に還るのよね。ならせっかくの一度きりの人生、やりたいように生きた方が得した気にならない？

アンタが自分の悩みごとを少しでもバカバカしく、取るに足らない小さなものだ、って思ってくれたら書いた甲斐があったわ。

それじゃアンタ達、また明日からTwitterで会えることを楽しみにしてるわよ。

アンタたち寝るわよ。
他人と比べ、羨んでばかりいる心って弱いもの。
残念ながらその心じゃ幸せを見つけることは難しいわ。
それよりも自分自身にもっと誠意を尽くしなさい。
わかりやすく言えば、自分を愛して、信じるの。
アンタの人生よ。他人なんてどうでもいいの。
わかったら今日はもうおやすみ。

この本はこれでおしまい。でもアンタの毎日はこれからも続いていくわよね。もしアタシにぶった斬られたくなったらいつでもTwitterで「タクチママ」と検索して会いにおいで。話くらいなら聞いてあげるわよ。

一瞬で心が軽くなる
人間関係の悩みをぶった斬る本

2021年 9 月30日　　初版　第1刷発行

著　者　タクチママ
イラスト　香川尚子
装　幀　植竹裕
発行人　柳澤淳一
編集人　久保田賢二
発行所　株式会社ソーテック社
〒102-0072
東京都千代田区飯田橋4-9-5　スギタビル4F
電話（販売部）03-3262-5320　FAX03-3262-5326
印刷所　大日本印刷株式会社

ISBN978-4-8007-3027-5